作者简介

一　言，考古学、传播学专业，主要研究方向：新博物馆学、文物信息化、文物鉴定、陈列展览、文化遗产传播学，执笔《文物进出境责任鉴定员资格考试大纲（试行）》、《馆藏文物登录规范》（WW/T 0017-2013）、中国与相关国家关于文化遗产保护双边协定之附录《中国文物清单》，担任全国青少年文化遗产知识大赛命题，参与策划“根·魂——中华文明物语”“唐宋八大家”“万年永宝”“何以中国”等展览，监制《国家宝藏》《如果国宝会说话》《寻古中国》《何以中国》等电视节目，被评为“中国信息化百名优秀带头人”。

单嗣平，伦敦大学亚非研究学院历史学博士，北京大学马克思主义学院助理研究员，中央广播电视总台《国家宝藏》节目专家组成员，“何以中国”文物特展总撰稿。

薄海昆，北京师范大学历史学博士，故宫博物院研究馆员，研究方向为博物馆展览策划及形式设计、外国博物馆与文物。主持“故宫博物院武英殿陶瓷馆展厅改造”“天下龙泉：龙泉青瓷与全球化”“何以中国”“祥开万象：故宫与西藏文物联展”等20余个项目的形式设计，在各级期刊发表学术论文20余篇，出版专著和译著若干。

本书由中国博物馆协会与腾讯基金会“腾博基金”资助

The Answer of an Era

“何以中国”策展笔记

一 言　单嗣平　薄海昆　著

ZHEJIANG UNIVERSITY PRESS
浙江大学出版社
·杭州·

图书在版编目（CIP）数据

时代答卷 ："何以中国"策展笔记 / 一言，单嗣平，薄海昆著. -- 杭州 ：浙江大学出版社，2024. 11.
（中国博物馆陈列展览精品·策展笔记）. -- ISBN 978-7-308-25277-5

Ⅰ. G265

中国国家版本馆 CIP 数据核字第 2024X11T26 号

时代答卷

"何以中国"策展笔记

一　言　单嗣平　薄海昆　著

出 品 人　褚超孚
策划编辑　张　琛　陈佩钰　吴伟伟
责任编辑　陈佩钰
责任校对　陈　翩
美术编辑　程　晨
出版发行　浙江大学出版社
（杭州市天目山路148号　邮政编码：310007）
（网址：http://www.zjupress.com）
排　　版　浙江大千时代文化传媒有限公司
印　　刷　杭州捷派印务有限公司
开　　本　710mm × 1000mm　1/16
印　　张　13.75
字　　数　195千
版 印 次　2024年11月第1版　2024年11月第1次印刷
书　　号　ISBN 978-7-308-25277-5
定　　价　88.00元

总　序

在社会主义文化强国建设的进程中，博物馆扮演着中华文明优秀成果守护者、传承者与传播者的重要角色。作为博物馆教育与传播的核心媒介，陈列展览成为博物馆守护文化遗产、传承中华文明、讲好中国故事的关键工作。好的陈列展览离不开好的策展工作。策展是构建陈列展览的过程，是通过逻辑和观念的表达，阐释文物藏品的多元价值，构建公众与遗产之间的对话空间，激发广泛社会价值与文化价值的思维和组织活动。博物馆策展的理论与实践水平，很大程度决定了陈列展览的思想境界、文化内涵、艺术品位与传播影响。因此，博物馆策展的学术研究和业务能力建设是提高博物馆陈列展览工作业务水平和影响效果的重要途径；某种意义上，也是促进我国博物馆事业高质量发展的关键所在。

“中国博物馆陈列展览精品·策展笔记”丛书的出版，正是源于对上述问题的思考。作为我国博物馆行业发展的协调者与促进者，中国博物馆协会长期致力于博物馆展陈质量建设和策展能力提升。在持续不断的摸索和实践中，许多博物馆同仁建议我们依托“全国博物馆十大陈列展览精品推介活动”，围绕一批业内公认的具有较大影响力与鲜明特色的获奖展览项目，邀请策展团队，形成有关策展过程和方法的出版物。在不断的讨论中，我们逐渐明确：这种基于展览策划的出版物，显然不同于博物馆中常见的对于展览内容及重点文物介绍的“展览图录”，而更适合被称为“策展笔记”。

所谓“策展笔记”，一方面，要聚焦“策展”的行动内容，也就是要透过展览看幕后，核心内容是展览从无到有的建设过程，尤其要重点讲述展览选题、前期研究、团队组建、框架构思、展品组织、形式设定、艺术表达、布展制作等当代博物馆展览策划的核心流程及相关体会。另一方面，要突出“笔记”的内涵风格。如果与记录考古工作的过程、方法与认识的“考古报告”相类比的话，“策展笔记”则是对陈列展览的策展过程、方法与认识的重点记录。与此同时，作为与“随笔”“札记”等相似的“笔记”文体，也应带有比较强烈的主观性、灵活性和较高的自由度，宜以第一人称的口吻展开，重在呈现策展的心路历程与思考感悟，而不苛求内容体系的完整性与系统性；重在提炼策展的经验、理念、亮点，讲好值得分享的策展专业理论、专业精神、专业态度和专业手法等。我们相信，这样的“策展笔记”，不但可以作为文博行业了解我国文博系统优秀展览的“资料工具书”，也可以作为展陈从业者策展创新借鉴的“实践参考书”，还可以作为普通大众的“观展指南书”，帮助他们了解博物馆幕后工作，更好领略博物馆展陈之美。

丛书第一辑收集了 2019—2021 年度全国博物馆十大陈列展览精品推介的代表性获奖项目，覆盖全国不同地域，涵盖考古、历史、革命纪念等不同类型。由于缺乏经验借鉴，加之展览类型的多元性、编写人员构成的差异性等，在撰稿与统稿过程中，我们遇到了远超预期的挑战。这些挑战包括但不限于：如何平衡丛书的整体风格与单册图书的个体特色；如何兼顾写作内容的专业性特质与写作表达的大众性要求；如何将策展实践中的“现象描述”转化为策展理念的“机制提炼”，充分体现策展的创新点和价值点；如何实现从“报告思维”向“叙事思维”的转型，生动讲述策展的动人细节；如何在分析个案内容的同时对行业的普遍性、典型问题进行有效回应，发挥好优秀展览的示范作用；如何解决多人撰写所产生的文风不统一问题，提高统稿工作的质量和效率；等等。幸运的是，在各馆撰稿团队的积极配合下，在专家的有力指导下，我们通过设定指导性原则、确定写作指南、优化统稿与编审机制等途径，一定程度克服了上述挑战难题，基本完成了预期目标。

这套丛书的问世，离不开撰稿人、专家和编辑的辛勤劳动。我们衷心感谢北京鲁迅博物馆（北京新文化运动纪念馆）、中国人民革命军事博物馆、山西博物院、吴中博物馆、扬州中国大运河博物馆、杭州市萧山跨湖桥遗址博物馆、山东博物馆、湖北省博物馆、盘龙城遗址博物院、成都武侯祠博物馆、陕西历史博物馆、秦始皇帝陵博物院、和田地区博物馆等博物馆策展团队撰稿人的精彩文本。同时，我们衷心感谢南京博物院理事长、名誉院长龚良，复旦大学文物与博物馆学系主任陆建松，浙江大学艺术与考古学院教授严建强，北京大学考古文博学院教授宋向光，上海大学现代城市展陈设计研究院执行院长李黎，西安国家版本馆（中国国家版本馆西安分馆）副馆长董理，清华大学美术学院副教授李德庚等多位学者、专家的认真审读与宝贵的修改建议。感谢浙江大学出版社董事长、党委书记、总编辑褚超孚，以及社科出版中心编辑团队的细致审校和精心编辑，他们的工作为丛书的顺利出版提供了坚实的保障。浙江大学艺术与考古学院“百人计划”研究员毛若寒博士在这套丛书的方案策划、组织联络、出版推进等方面，用力尤勤，付出良多。此外，还有许多在本丛书筹划、编辑、出版过程中给予帮助的专家、老师，无法一一列举，在此谨对以上所有人员致以最真挚的感谢和敬意。

严建强教授在一次咨询会上曾对这套丛书给过一个很高的评价，认为它是当代博物馆专业化建设的一个重要的里程碑。对于这个赞誉，我们其实是有点愧不敢当的。我们很清楚，丛书第一辑的整体质量还有待提升，离“里程碑”的高度存在一定差距。但通过第一辑的编辑出版，我们为接下来的第二辑、第三辑的编写积累了经验、增强了信心。今后，我们会继续紧扣“策展笔记”作为“资料工具书”“实践参考书”与“观展指南书”的核心功能定位，继续深化对于博物馆展览策展笔记的属性、目标、功能、内涵、形式等方面的认知，努力通过策展笔记的编写，带动全行业策展工作专业水平的整体提升。这虽然是一件具体的事情，但对构建博物馆传承与展示中华文化的策展理论体系和实践创新体系，推动博物馆守护好、展示好、传承好中华文明优秀成果，为博物馆事业的高质量发展、为建设社会主义文化强国不断做出新贡献，是很有积极意义的。我们相信，有全国博物馆工作者的积极参与，我们一定能把这套丛书做得更好，做成中国博物馆领域的著名品牌。

是为序。

刘曙光

中国博物馆协会理事长

2023 年 8 月

第二辑赘言

自“中国博物馆陈列展览精品·策展笔记”第一辑问世以来，我听到了文博业界及学术圈同仁们不少的夸奖。一些博物馆展陈从业人员自发撰写评论，从实操与理论等层面解读策展理念，提炼专业经验。浙江大学、陕西师范大学等高校将其纳入教学过程，作为培育新一代策展人的学习资料，凸显了“策展笔记”的教育价值。微信读书以及各类新媒体平台的留言体现出“策展笔记”已成为广大观众理解博物馆策展艺术、深化观展体验的“新窗口”，拉近了公众与博物馆文化的距离。不少读者热情高涨，纷纷点赞并留下评论，将之视为“观展宝典”。

读者的肯定，是我们编辑出版“策展笔记”的最大动力。在 2023 年 11 月第一辑刚发行之时，第二辑也进入了紧锣密鼓的撰写阶段。基于前期积累，第二辑在保持原有特色的同时，力求策展写作内容深度与广度的双提升，旨在展现中国博物馆策展实践的多元视角与前沿动态。

江西省博物馆的“寻·虎——小鸟虎儿童主题展”，作为“策展笔记”第一例儿童主题展览，深刻揭示了策展人对儿童心理与行为特征的敏锐洞察，彰显了博物馆对儿童受众的关怀与重视，映衬出博物馆服务理念的革新与拓展。上海天文馆的“连接人和宇宙”基本陈列作为自然科学类展览在丛书中首次呈现，极大地丰富了“策展笔记”的题材与内涵。广东省博物馆的“焦点：18—19 世纪中西方视觉艺术的调适”，是粤港澳大湾区首屈一指的外销画专题展览，荣获“十大精品推介”之“国际及港澳台合作奖”，反映出中国博物馆策展的国际视野，亦是出入境展览在“策展笔记”中的初次亮相。值得一提的是，我们特别收录了虽未参与“十大精品推介”但承载着深厚文化内涵与当代价值、在故宫博物院举办的“何以中国”展览。我们认为，独特的时代性、典型性与代表性，使其成为不可多得的策展典范；我们坚信，其策展智慧值得广泛传播与深入探讨。

在“导览”篇章，“策展笔记”第二辑更加注重构建“策展人导览观展”的沉浸式氛围。例如，上海天文馆的策展笔记立足科普导游与创意巧思，构建出令人心驰神往的宇宙奇景，极大提升了读者的参与感与体验度。“策展”篇章的解析深度与广度也有所提升，体现出更加强烈的问题意识，在撰写个案的同时探讨普遍性议题。如“何以中国”的策展笔记首次提出了“展览观”的命题，深入剖析展览背后的策展理念与文化价值，启发策展人对展览本质的再思考。同时，第二辑还加大了对展览“二次研究”和“学理解析”的力度，对策展相关的“叙事”“阐释”“符号”等现象进行了学理上的深入探究，将理论成果融入策展实践，进一步提升了展览的学术性和专业度。

技术细节的呈现成为“策展笔记”第二辑的另一大亮点。如对陕西考古博物馆的“考古圣地华章陕西”主展标设计过程的全揭秘，不仅展现了策展团队的匠心独运，也让读者对展览背后的专业技术支撑有了更直观的认识。

最后，第二辑在观展与策展之间建立了更紧密的联系。在“观展”篇章，不少书稿引入观众报告，让策展工作更贴近观众需求，提升了展览的互动性与社会影响力，折射出了策展与观众的双向赋能。

“策展笔记”第二辑依然集结了一支由撰稿人、专家与编辑组成的优秀团队。在此，我们向故宫博物院、辽宁省博物馆、上海天文馆、苏州博物馆、浙江省博物馆、杭州市临平博物馆、江西省博物馆、郑州商代都城遗址博物院、广东省博物馆、中山市博物馆、广西壮族自治区博物馆、四川博物院、陕西考古博物馆等多家博物馆的策展团队贡献的精彩文本表示由衷感谢。同时，还要继续感谢南京博物院理事长、名誉院长龚良，复旦大学文物与博物馆学系主任陆建松，浙江大学艺术与考古学院教授严建强，北京大学考古文博学院教授宋向光，上海大学现代城市展陈设计研究院执行院长李黎，西安国家版本馆副馆长董理，清华大学科学博物馆（筹）高级顾问杨玲等专家学者，他们的专业审读和中肯建议对提升“策展笔记”内容质量起到了关键作用。我们还要向浙江大学出版社董事长、党委书记、总编辑褚超孚，副总经理张琛，社科出版中心编辑团队及所有参与的工作人员致敬，他们一丝不苟的工作态度与精益求精的专业精神，确保了“策展笔记”第二辑的高质量出版。我还要特别鸣谢今天在浙江大学艺术与考古学院任“百人计划”研究员的毛若寒博士。作为执行主编，他不仅协助我延续并深化了策展笔记的体例，更以其富有朝气的学术洞察力推动了丛书品质的进一步提升。此外，还有许多未被逐一提及的专家和同仁，他们的辛勤工作和专业精神对整个编撰项目至关重要，我对他们表示由衷的感谢和敬意。

“策展笔记”如同一扇开启多元视野的窗，亦如聚焦万象的镜头，第二辑尤为如此。它不仅展现了中国博物馆展览生态的丰富多样，更深刻揭示了策展实践背后的创新思维与理论深度。从第一辑至第二辑，这套丛书见证了中国博物馆策展领域的进步，每一页笔记都凝结着策展人对新时代博物馆的角色与功能的深邃思考。这一历程不仅是策展理念革新的实录，亦是中国博物馆人敢于探索、勇于创新精神的鲜活体现。展望未来，我们将秉持“讲好中国故事”的初心，以“策展笔记”为桥梁，不断深化对新时代博物馆使命的理解与实践，致力于通过精品展览传承中华优秀传统文化，弘扬革命文化，发展社会主义先进文化，为建设社会主义文化强国、推进中国式现代化贡献博物馆的力量。

刘曙光

2024 年 8 月

目录

The Answer of an Era

引言

会当昆仑倾飞觞

一、大鹏同风起

（一）策展契机：立足中国大地，讲好中国故事

立足中国大地，讲好中国故事。如何用展览的形式，展现源远流长、博大精深的中华文明，是博物馆人一直在思考的命题。

党的十八大以来，在社会各界的关心支持下，中国博物馆事业实现快速发展，在收藏保护、研究阐释、展示传播、教育研学、开放服务、文创开发、国际交流等方面取得历史性成就，平均不到两天就有一座博物馆建成开放，类型丰富、主体多元、普惠均等的现代博物馆体系基本形成，“到博物馆去”成为社会新风尚。

2020 年 9 月 28 日，习近平总书记在主持中共中央政治局第二十三次集体学习（我国考古最新发现及其意义）时指出，要努力建设中国特色、中国风格、中国气派的考古学，更好认识源远流长、博大精深的中华文明，为弘扬中华优秀传统文化、增强文化自信提供坚强支撑。要加强考古成果和历史研究成果的传播，教育引导广大干部群众特别是青少年认识中华文明起源和发展的历史脉络，认识中华文明取得的灿烂成就，认识中华文明对人类文明的重大贡献，不断增强民族凝聚力、民族自豪感。要向国际社会展示博大精深的中华文明，讲清楚中华文明的灿烂成就和对人类文明的重大贡献，让世界了解中国历史、了解中华民族精神，从而不断加深对当今中国的认知和理解，营造良好国际舆论氛围。

2021 年适逢中国现代考古学诞生 100 周年，国家文物局联合中央广播电视总台制作播出《中国考古大会》（图 1–1）《中国国宝大会》（图 1–2）等一系列

图1-1 《中国考古大会》节目海报（左）

图1-2 《中国国宝大会》节目海报（右）

图1-3 “黄河之水天上来”国宝音乐会海报（左）
图1-4 “黄河之水天上来”国宝音乐会节目（右，组图）

文物题材电视节目，聚焦“三个讲清楚”（或称“三个认识”），深刻揭示文物的内涵价值和现实意义，受到广泛好评。

中央广播电视总台《国家宝藏》节目组拟在之前三季节目的基础上［另与黄河流域博物馆联盟联合制作“黄河之水天上来”国宝音乐会（图1-3、图1-4）］，策划推出《展演季》，并与参加节目的博物馆谋划举办一个特展，请国家文物局指导。

图1-5　《国家宝藏·展演季》节目录制现场

我们希望这不是一般意义的国宝相聚，而是一部有情节、有叙事、全景式记录中华文明的主题展览。

于是，国家文物局策划并指导，中央广播电视总台、故宫博物院牵头，联合全国 30 家文博机构，与《国家宝藏·展演季》节目相配合，举办“何以中国”展览。

《国家宝藏·展演季》最后一集节目于 2021 年 11 月 30 日录制，12 月 25 日晚在中央电视台综艺频道（CCTV-3）播出，30 位博物馆馆长向公众推荐了各具特色的文物参演参展（图 1-5）。同时，在 30 处反映中华文明发展历程的重要遗迹采集土样，构成“文明宝盒”。

展览地点在故宫文华殿（图 1–6）。文华殿北侧的文渊阁（图 1–7、图 1–8），是乾隆四十一年（1776 年）建成后珍藏第一部《四库全书》的地方。《四库全书》是中国典籍精粹，也是中华文化精华，因此本展览最后一件展品确定为《四库全书》，与建筑文物呼应。

“何以中国”展览的大幕徐徐拉开。

（二）博物馆观

2016 年 11 月，习近平主席向国际博物馆高级别论坛致贺信时指出，博物馆是保护和传承人类文明的重要殿堂，是连接过去、现在、未来的桥梁，在促进世界文明交流互鉴方面具有特殊作用。中国各类博物馆不仅是中国历史的保存者和记录者，也是当代中国人民为实现中华民族伟大复兴的中国梦而奋斗的见证者和参与者。

我们对于博物馆的理解是：

> 博物馆是为社会和社会发展服务的组织，博物馆开展藏品收藏、保护、展示，是为了公众的教育、研究和欣赏，博物馆实现其社会职能的一个基本途径，就是使自己的观众成为社会文明进步的参与者和推动者。
>
> 博物馆是伴随人类走向近代化、现代化的产物。
>
> 博物馆适应经济社会发展的需要，而与经济社会一起发展、一同成长。
>
> 博物馆在为社会发展服务的过程中，实现自我提升。
>
> 社会对博物馆的需要，与社会的文明进步同步。

图1-6 故宫文华殿

图1-7 故宫文渊阁

紫禁城平面图

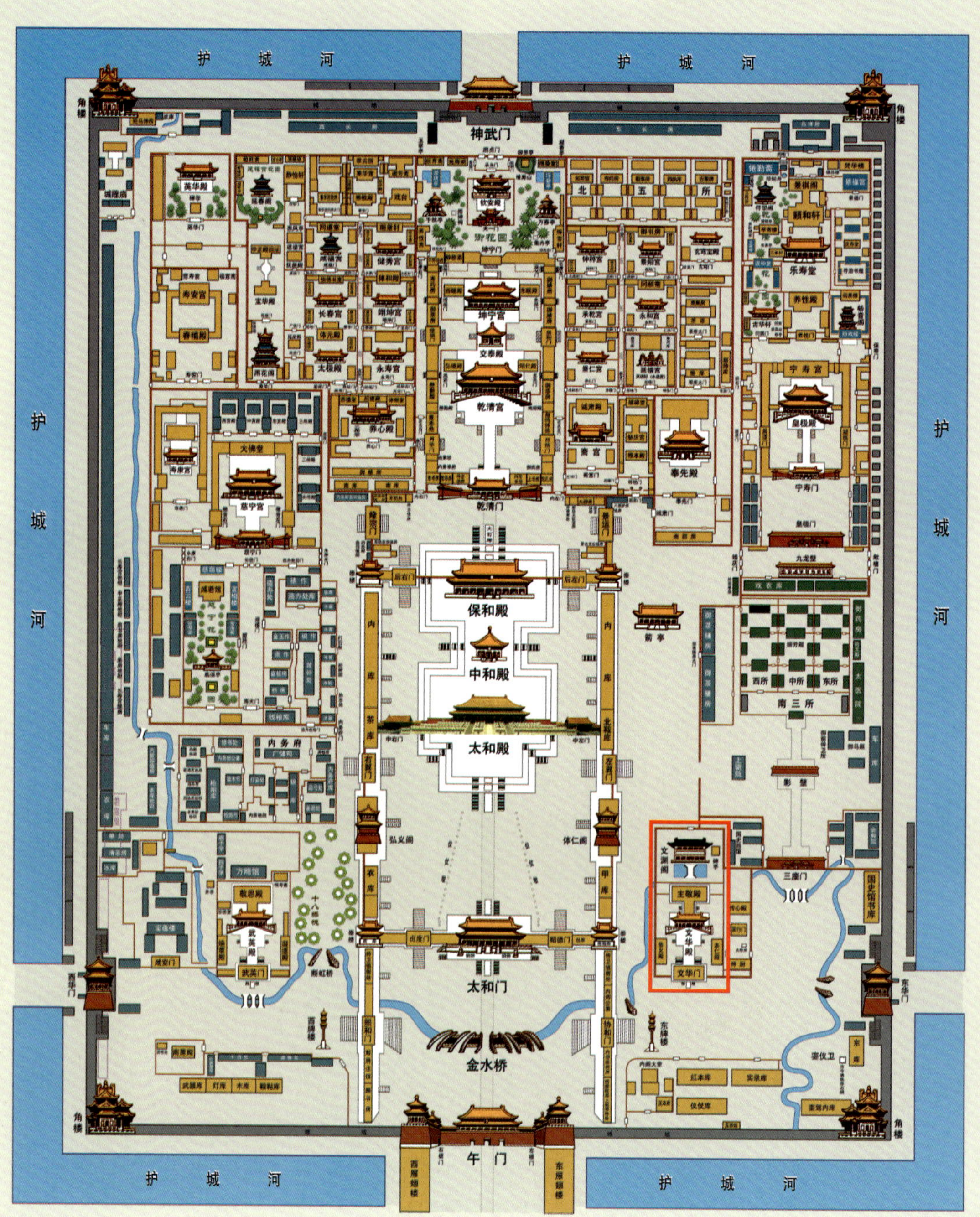

图1-8　文华殿及文渊阁在故宫博物院的位置（红框所示）

（三）展览观

1.基于研究的教育与传播

从本质上讲，博物馆是文化传承机构。教育是文化传承的核心内容。一座博物馆就是一所大学校。

教育和欣赏的前提，是对藏品的研究和解读。

博物馆陈列展览，是基于深刻研究藏品内涵、全面揭示藏品价值、生动解读藏品信息的社会教育与文化传播活动。

其目的是，发挥物的作用，促进人的全面发展，进而“潜移默化”地推动社会文明进步。

2.面向公众的形象和窗口

博物馆不是图书馆和影剧院。

博物馆没有现成的知识传播的载体，必须通过展览等形式建立与公众的联系。

公众对博物馆的认知，从展览开始。

博物馆对公众的教育，从展览开始。

展览的水平，很大程度上影响着公众对博物馆水平的判断，也影响着公众对下一次参观博物馆的期待。

3.讲述故事的舞台和剧场

展览，犹如乐曲、戏剧，更像电影（可视），是一项创作活动，必须有精神、骨干、血肉。

简言之，电影创作，关键是：情节（故事）+ 技术 + 表演（演员的演绎）。

展览策划制作，核心是：叙事（故事）+形式（或技术）+解读（文物的表达）。

两者最大的差别是，电影有演员可以演绎，而文物不会自己演绎，需要专家、学者和博物馆从业者对文物进行解读。这是博物馆展览和文化传播中最迫切需要解决的问题，讲故事的能力是目前最大的短板。

展览，须有鲜明的主题（忌散乱）、精彩的叙事（忌离奇）、适宜的形式（忌滥用）、准确的解读（忌艰涩）。

讲好中国故事，把历史智慧告诉人们。

二、一帆超十程

策展历程：从“国家宝藏”到“何以中国”

自2015年起心动念，两年筹谋，《国家宝藏》第一季终于在2017年12月3日亮相荧屏。在国家文物局指导和支持下，作为中央广播电视总台推出的第一款大型文博探索栏目，《国家宝藏》节目与故宫博物院、上海博物馆、南京博物院、湖南省博物馆、河南博物院、陕西历史博物馆、湖北省博物馆、浙江省博物馆、辽宁省博物馆共同走入华夏文明的腹心。节目首创“纪录式综艺”语态，让公众人物担纲“国宝守护人”，以前世传奇述国宝历史，以今生故事陈时代价值，通过艺术化的历史演绎、故事化的情境处理、跨学科的立体阐释，解读中华文化的基因密码，吉光片羽，一眼千年。

2018年12月9日，《国家宝藏》第二季如约而至，携手故宫博物院、河北博物院、山西博物院、山东博物馆、广东省博物馆、四川博物院、云南省博物馆、甘肃省博物馆、新疆维吾尔自治区博物馆，承古人之创造，开时代之生面，在中华五千多年文明孕育的生机中，继续“让国宝活起来”。

2020年，面对汹汹而来的新冠疫情，《国家宝藏》第三季不再停留于某一个博物馆室内空间，而是携手九座享誉世界的文化遗产——600年的紫禁城、930年的西安碑林、1000年的苏州古典园林、1300年的布达拉宫、1700年的敦煌莫高窟、2200年的秦始皇帝陵、2500年的曲阜孔庙孔林孔府、3200年的三星堆遗址、3300年的殷墟，一同在广袤的华夏大地上回望祖先们走过的历程、留下的创造、挥洒的情感、坚守的风骨，体认中华民族究竟曾为世界文明贡献过什么，而今天的我们该为后世子孙留下些什么（图1-9、图1-10）。

三季以来，《国家宝藏》节目组已与25家文博单位合作，为国内外观众讲述了81件珍贵文物的前世今生故事，然而一直没有机会，让国宝聚首，合力展现中华文明魅力。

2021年，《国家宝藏》栏目策划推出《展演季》，以81件国宝为媒，邀请嘉宾“揭榜招贤”，用文艺作品展演文物价值，并与参加三季节目的博物馆谋划举办一个特展，拟在故宫博物院展出，请国家文物局指导。

> 倏忽三载，《国家宝藏》越葱岭、蹈东海、凌长白、尽南沙，聚九州神器，溯华夏根流，今日初心未改，携手《国家宝藏》合作过的所有博物馆共同打造文物特展。

最初的任务是，用文物展现多元一体、连绵不绝、兼容并蓄的中华文明特质。展览地点在故宫文华殿。

图1-9　《国家宝藏》第三季“文化基因”主题海报（上）
图1-10　《国家宝藏》第三季单期节目海报（下，组图）

国家文物局博物馆与社会文物司（以下简称“国家文物局博物馆司”或“博物馆司”）遂与中央广播电视总台、故宫博物院联合启动策展前期工作，细悟“9·28”重要讲话精神，深研中华文明特质和中华民族精神，遍访文史、考古、展览、传播、科技、影视专家，博采中华文明探源工程、“考古中国”等重大项目成果，广议中华文明展览的方向、路径、形式。提出这不是一般意义的国宝相聚，而是一部有情节、有叙事、全景式记录中华文明的主题展览。

8 月中旬，展览筹备组成立，由国家文物局博物馆司担任总体指导和组织协调，故宫博物院选派骨干人员承担执行工作，央视《国家宝藏》剧组负责与相关博物馆对接并组织全方位宣传，同时请国内知名专家担任学术指导，请著名展览专家担任执行策展人。筹备组首先围绕“多元一体、连绵不绝、兼容并蓄”的展示主题展开多轮热烈的开放式讨论，期间不乏“中国传记”“中国面孔”“中国微笑”等闪亮观点，也对总分、并列，抑或轴线、串联等展览逻辑和叙事体系充分沟通，特别是以通史还是以专题方式构建中华文明展示骨架进行了反复推演。

8 月至 9 月，筹备组连续召开会议，研商展览主题，分析篇章结构，讨论参展文物，博物馆司坚定提出“三个讲清楚”的基本要求，将文物融入中华文明历史进程，以长卷式图景全面展现中华文明发展脉络、成就和贡献。

10 月 14 日，各方在故宫博物院建福宫举行筹展以来参加人数最多的一次会议，执行策展人介绍了长卷式展览的初步思路，提出“一条大河”的叙事逻辑；故宫专家提出相关文物使用和延长筹备期的建议；博物馆司坚持展览按期开幕，并第一次系统论述了以“源”“流”“汇”三个单元，分别对应“多元一体”“连绵不绝”“兼容并蓄”的文化特质，以及各单元的关键词、与“三个讲清楚”的关系等。《国家宝藏》剧组表示赞同，称之“振聋发聩”。此前，关于如何展现“中华文明对人类文明的重大贡献”曾有许多讨论，涉及民族、宗教、疆域、思想、制度、物质文化等方面，未达成共识。会前的 10 月 12 日，习近平总书记在《生物多样性公约》第十五次缔约方大会领导人峰会上发表主旨讲话，首次提出“共同构建地球生命共同体”的倡议，令筹展组醍醐灌顶，豁然开朗，明确了“三个共同体”作为“重大贡献”内容叙事框架。由此，基本确定展览结构，并进一步细化了筹展时间表。从此，博物馆司由原来偏向总体策划、指导和协调功能，转而持续加重了具体执行的分量。

10月23日，《国家宝藏・展演季》第一集节目“少年十八岁”在中央电视台综艺频道（CCTV-3）播出，以《千里江山图》、昭陵六骏、聂耳小提琴3件珍贵文物，分别讲述了王希孟、李世民、聂耳3位18岁少年激情澎湃的奋斗故事。由东方演艺集团等创排的舞蹈诗剧《只此青绿》（图1-11），展现北宋画家王希孟创作《千里江山图》的故事，并与当今博物馆策展相呼应，“阐释千里江山、重构千年对话、牵动千万观众”，在荧屏一经亮相，即大告成功。此后，每个星期六晚19:30，央视综艺频道连续播出《国家宝藏・展演季》节目，题目分别是“乾隆乾隆”“星汉灿烂”“惟石能言”“止戈为武”“一梦大唐”“国风运动会”“一字千钧”“国风童话”，吕思清、谭维维、庞清、佟健、月亮姐姐、北京舞蹈学院、中央民族乐团、中国国家艺术体操队等艺术家、运动员、主持人和机构团体参加创演。值得一提的是，11月20日（星期六）晚，CCTV-1播出《中国考古大会》（20:00），CCTV-2播出《中国国宝大会》（19:00），CCTV-3播出《国家宝藏・展演季》（19:30），其他频道也在播出文博考古相关节目（如CCTV-10《探索・发现》），成为中国电视史上的奇观。

11月，根据展览基本框架结构，撰写部题文字、遴选参展文物、规划展线布局、进行形式设计等工作全面展开，特别强调了“不图文物名气、但求适合展览需要”的文物展品遴选原则，原则上从《国家宝藏》参演博物馆中各选择1件（套）文物，其余根据叙事需要，由故宫博物院从馆藏文物中补足。所选文物必须与展览主题和故事情节有直接联系。

11月19日，在筹备组第5次工作会议上，研究并基本确定了各单元、各子章节（版块）名称和主要内容，同时一致同意将原拟用于某章节（版块）名

图1-11 舞蹈诗剧《只此青绿》海报（组图）

图1-12 “何以中国”集土“文明宝盒”

称的“何以中国”一词作为展览的总名称，并将展览的基调强化为“国家叙事”。

11 月 30 日，《国家宝藏·展演季》最后一集节目“文物特展启动仪式”在北京郊区录制，近 30 位博物馆馆长来到片场或者以视频方式（因部分地方新冠疫情管控）向公众推荐了各具特色的文物参展，这些文物多曾在以往三季的《国家宝藏》节目中“亮相”，其前世和今生故事已为广大公众所知。其时，“源”“流”“汇”三个单元展示结构已成定题，电视节目编排也将馆长推荐文物环节按三个单元展开。

节目中，还举行了中华文明重要遗迹集土仪式，30 位博物馆馆长采集上迄仰韶遗址、良渚遗址、陶寺遗址，绵延殷墟遗址、三星堆遗址、秦咸阳城遗址，下至乌拉泊古城、苏州园林、六胜塔的土样，集中国考古百年之努力，聚合而成“何以中国”的“文明宝盒”（图 1-12）。

《国家宝藏·展演季》“文物特展启动仪式”节目于 12 月 25 日在中央电视台综艺频道（CCTV-3）播出，001 号讲解员介绍：“本次文物特展一如窗口，斗室之内可观中华乾坤之大、意蕴之远。一如矩尺，俯仰之间可度文明源流之长、滋养之广。本次特展的举办，离不开几代考古人筚路蓝缕，发掘遗存，揭示历史，转化新知。从 1921 到 2021，中国考古人探索未知，揭示本源，努力建设中国特色中国风格中国气派的考古学，为中华民族献上‘何以中国’的时代答案。”各位馆长精神抖擞，意气风发，向全国观众推介了本馆代表性文物。筹备组全体成员倍感振奋，因为“这是一个还没有开幕就已经火了的展览”；也肩负巨大压力，因为“必须成功，没有退路”。

12 月 2 日，第一个执行策展人因个人原因离开筹备组，第二个执行策展人因新冠疫情不能到京直接参与工作，国家文物局博物馆司召集视频会，重申展览主题、逻辑、结构等，平稳推动二人工作交接。为避免因人员变动导致展览思路偏移，博物馆司负责人连夜撰写《何以中国：展览思考》一文，再次强调展览的核心价值是讲述“多元一体、连绵不绝、兼容并蓄”的中华文明特质，特别是要讲清楚中华文明起源和发展的历史脉络、中华文明取得的灿烂成就、中华文明对人类文明的重大贡献，使公众更好认识源远流长、博大精深的中华文明，为弘扬中华优秀传统文化、增强文化自信提供坚强支撑。同时，提出运用辩证唯物主义和历史唯物主义理论，融入中华优秀传统文化中的积极因子：以人为本、天人合一、道法自然、自强不息、和而不同、天下为公等。“源”于“生”，“流”贵“和”，“汇”及“民”，因果皆生民。

“展览思考”稿以表格的形式进一步明确了各单元的逻辑关系和关键字义、各子版块的中心思想和主要内容（表 1–1）。如，“源”讲使我们成为“中国人”的生生滋养，“流”讲万物协和的东方智慧，“汇”讲基于民生福祉的思想、艺术和物质创造。此时，展览的（暂）定名为“何以中国——中华古代文明暨《国家宝藏》特展”。“如果说这个展览跟《国家宝藏》有什么关系的话，就是吸取了这三季以来《国家宝藏》的精髓——生动讲述文物的前世和今生故事，展览就是我们面向未来继续‘何以中国’的宣言书。”

表 1-1　何以中国——中华古代文明暨《国家宝藏》特展框架结构
（2021 年 12 月 2 日版）

单元	版块	主要内容
源：多元一体（生）	地理・生业	中国地理、生产力发展及文明动因
	物产・生活	独特内涵的、延续至今的物质文化
	思想・生息	哲学思想、价值观念、制度体系
流：连绵不绝（和）	中华民族共同体（血脉相依）	疆域共同开拓 历史共同写书 文化共同创造 精神共同培育
	人类命运共同体（同舟共济）	交流、交往、交融 线路、事件、人物 文化发育 世界贡献
	地球生命共同体（休戚与共）	尊重自然、尊重生命、尊重规律 人与人、人与社会、人与自然和谐共生 寄情山水、崇尚修为、兼济天下（公平正义）
汇：兼容并蓄（民）	科学技术・民生	技进乎道，而为民
	文化艺术・民本	艺通乎神，而爱民
	典籍中国・民智	典达乎智，而亲民

图1-13 疫情期间不便出差，策展组在线上点交借展文物

从 12 月中旬起，故宫博物院同仁努力克服此起彼伏的新冠疫情不利影响，从各地调集文物展品，遴选馆藏补充展品。这一过程严格按照展览框架结构进行，每一件展品的选择都必须建立与展览、叙事的关系（图 1-13）。2021 年底，疫情形势突然严峻，尤以河南、陕西两省为甚，导致原计划从两地筹借的部分重点文物无法按时运输到北京。为了不影响展线安排和展览内容连贯性，筹备组紧急研究替换为故宫博物院藏品，如殷墟博物馆藏一组商代甲骨、河南博物院藏一套春秋郑国编钟、陕西历史博物馆藏战国杜虎符，均代之以故宫同类藏品。这充分表明了故宫博物院的藏品优势，也体现了院领导对“何以中国”展览的高度重视和大力支持。同时，也考虑将上述相关文物以图版图像形式呼应呈现。

图1-14　展览标题墙设计效果图

策展组形式设计人员从 8 月底接到任务后，就广泛查阅资料，考察展览场地，寻找设计思路和灵感。到 10 月，随着展览内容逐渐成型，遂根据其结构框架初步生成概念设计，手绘多张展览空间设计图，制定多种预备设计规划。随后，与内容撰写人员紧密沟通协商，不断优化设计方向和艺术风格，用电脑软件绘制了三维效果图、结构施工图、平面版式图等（图 1-14）。12 月初，展览大纲和展品清单基本确定，设计人员深入研究展览要素，分析展览结构，推敲展示细节，冲刺完成了空间布局、色彩选用、景观搭建、柜内陈列等深化设计工作，拿出展览设计方案定稿。同时，策展组按照法定程序确定了施工单位，设计人员将设计方案和技术要求详细告知施工方，督促其落实备工、备料，并协助办理各项施工手续。

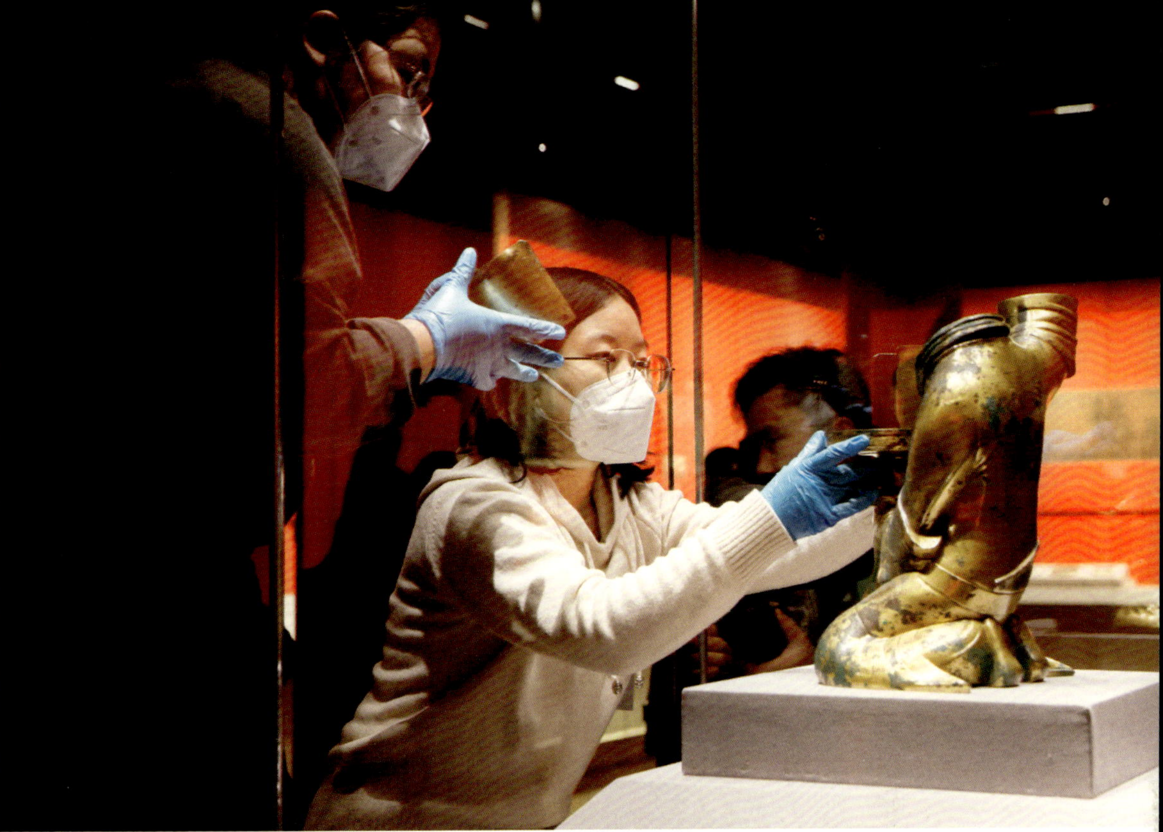

图1-15　故宫博物院与合作单位工作人员联合布展

12 月 15 日，策展组安排施工方入场，在做好古建筑地面、立柱等保护措施后，依照设计方案更换展厅柜内衬布，安装展台，用涂料粉刷展墙。与此同时，形式设计人员继续与内容撰写人员保持紧密联系，微调优化平面设计，核校各项展览细节，准备文物布展（图 1-15）。

转眼来到 2022 年。第二个星期五，博物馆司负责人回太原探亲期间，借用山西青铜博物馆馆长的办公室，召开筹备组第 10 次工作会议（视频），基本确定了全部上展文物。同时敲定了展览开幕时间——2022 年 1 月 25 日，星期二，农历小年。开幕式拟在故宫文华殿北侧的文渊阁举办。

1 月 17 日，策展组再次到故宫文华殿踏勘，一毫一厘细抠展项。在文渊阁前，交流展览结语的写作思路，不谋而合地提出以今日中国的“时代答案”呼应古代中国之悠久辉煌。设计负责人要求次日必须完成所有部题文字定稿，立刻投入单元展板制作。

1月18日，两位总撰稿和央视负责协调博物馆的工作人员一日五稿，完成“何以中国”展览前言、三个单元、九个章节（版块）、结语共14段文字，并经博物馆司主要负责人审阅同意。

1月19日，参展文物基本到齐，大部分展具已经就位。筹备组召开展览宣传工作会议（总第12次会议）。会议要求，广泛利用微博、微信和官方网站等平台，就“何以中国”展览的主题、结构、重点文物等做系列宣传，开幕式当天邀请报纸、广播、电视、网站等主流媒体记者参观，并对展览做深入报道，把“何以中国”展览的核心思想以通俗易懂的方式传播给广大公众。

1月24日上午，主创人员到故宫博物院做展览开幕准备。当天，北京阴云密布，文渊阁中并无照明设备，令人忧心次日开幕式场景和效果。

1月25日上午，北京万里晴空，阳光普照，展览开幕式在故宫文渊阁顺利举行，文化和旅游部副部长、国家文物局局长李群，文化和旅游部党组成员、故宫博物院院长王旭东，中央广播电视总台编务会议成员刘晓龙，中国建设银行行长王江等出席致辞并参观展览。展期至5月4日，跨越壬寅年春节、北京冬奥会、清明节，以“何以中国”展览告慰祖先。

三、北辰相献酬

展览内容设计五要素：主题、逻辑、结构、节奏、表达

在多年的博物馆工作实践中，逐步形成并丰富着对博物馆价值观、展览定位、文物叙事的思考，凝练出“主题、逻辑、结构、节奏、表达”之展览内容设计五要素，并在“何以中国”策展中运用、检验和完善。

——主题，是展览的核心思想，即展览想传达的价值观念，可以直接作为展览的标题。

——逻辑，是展览的叙事方式，可以有总分（总）、并列、递进、倒叙、插叙、放射、螺旋等。应主题之需，与结构相称。

——结构，是展览的内容框架，通过组织信息，建立联系，达成主题。万物普遍联系。结构服务、构架主题。

——节奏，是展览的呼吸脉搏，与逻辑相配合，以空间、色彩、明暗等，增加叙事的情感，突出高潮和亮点。

——表达，是展览的语言文字，包括序言、单元、组说明、结语，以及文物介绍和辅助展品等，以文采塑造展览的灵魂，增加展览的温度。

時代答卷

The Answer of an Era

导览

纲络九派划苍茫

一、千川共赴

（策展理念）

“何以中国”展览筹备过程中，策展组充分运用并丰富完善主题、逻辑、结构、节奏、表达之内容设计五要素，力图避免宏大叙事展览中常常出现的主题不清、线索散乱、物展分离等问题（图2-1）。

（一）主题

“何以中国”是一篇命题作文。讲好“多元一体、连绵不绝、兼容并蓄”的中华文明特质，就是展览的主题。

筹备组紧紧聚焦中华文明特质，述说最中国的故事。鲜明提出名物叙史述质的策展理念，从一开始就特别强调：

——更好认识

源远流长、博大精深的中华文明。

——讲清楚

中华文明的起源和发展的历史脉络，中华文明取得的灿烂成就，中华文明对人类文明的重大贡献。

——展现

以人为本、天人合一、道法自然、自强不息、和而不同、天下为公的民族性格。

何以中国

2021.10.14
12.2
2022.1.18

更好认识
源远流长、博大精深的中华文明
讲清楚
中华文明起源及发展的历史脉络
取得的灿烂成就
对人类文明的重大贡献
展现
多元一体、连绵不绝、兼容并蓄的文明特质
以人为本、天人合一、道法自然、自强不息、和而不同、天下为公的
民族性格

三个单元（"九章"）
故宫文华殿 举办
其北侧是 文渊阁
呼应"汇流澄鉴"
贮存以四库全书为

源
多元一体
生 地理·生生 / 物产·生活 / 思想·生息
独特 延续
地理环境、生产方式
蕴含的哲学思想、价值观念、制度体系
民族结构；统一多民族国家之思想和制度建构
（对于中华人文基因、精神标识）⇒ 中华文明起源及早期发展

流
连绵不绝
和 中华民族共同体 血脉相依 形式、历史、文化、精神
人类命运共同体 和衷共济 交流交往交融 互鉴贡献
地球生命共同体 休戚与共 和谐共生—东方智慧
（万物各得其和以生，各得其养以成）⇒ 对人类文明的重大贡献

汇
兼容并蓄
民 本固邦宁·民本（先道乎律，可安民） 崇民本以固金瓯
格物致知·民生（技进乎道，可为民） 惠民生以格万物
汇流澄鉴·民智（冀达乎智，可宜民） 聚民智以成典籍
（人民创造、人民享有、人民传承）⇒ 基于生民福祉的灿烂成就

文物·时代 记录过去、映照当下、启迪未来 / [illegible]

图2-1 策展大纲手稿

（二）逻辑

——总、分、总式

“何以中国”展起始从探究中华文化特质入手，提出“问题”；以中国地理（地形地貌、周界联系）分析开篇，阐释中华文明生产力动因（农耕、织造、制陶等），以中国独特的、延续至今的物质文化（青铜、玉器、瓷器等），展示其中蕴含的哲学思想、价值观念、制度体系；逐步展开叙述中华文明的历史发展脉络（历史节点为隐线）、中华文明取得的灿烂成就、中华文明对人类文明的重大贡献；结尾以文博人的“时代答案”呼应中华文明的传承弘扬、生生不息。

展览始终在一个逻辑维度上展开叙事，以“总”统领“分”，诸“分”支撑“总”，各“分”同态，“分”间均衡，“首”“尾”呼应。

（三）结构

“何以中国”展览尝试以意象化的表达，将源远流长、博大精深的中华文明视作一条浩丽江河，将文明的起源、传承、发展比拟于河水的源、流、汇。

以“源”“流”“汇”三个单元，展现中华文明多元一体、连绵不绝、兼容并蓄的文化特质，阐发中华文明起源和发展的历史脉络、中华文明取得的灿烂成就、中华文明对人类文明的重大贡献。

三个单元的名称，取中华文明“源远流长、博大精深”之“源”“流”，取文渊阁匾额“汇流澄鉴”之“汇”“流”，合为“源”“流”“汇”。

最终呈现于故宫文华殿展厅的展览结构，与2021年12月2日“思考”稿相比，“源”“流”部分一字未改。“汇”则根据参展文物及展厅布局，微调为“民本”“民生”“民智”，以表达“崇民本以固金瓯”“惠民生以格万物”“聚民智以成典籍”的人民史观（表 2-1）。

表 2-1 “何以中国”展览内容结构

<table>
<tr><th>单元</th><th>版块</th><th>主要内容</th></tr>
<tr><td rowspan="3">源：多元一体（生）</td><td>地理・生业</td><td>中国地理、生产力发展及文明动因</td></tr>
<tr><td>物产・生活</td><td>独特内涵的、延续至今的物质文化</td></tr>
<tr><td>思想・生息</td><td>哲学思想、价值观念、制度体系</td></tr>
<tr><td rowspan="3">流：连绵不绝（和）</td><td>中华民族共同体
（血脉相依）</td><td>辽阔疆域共同开拓
悠久历史共同书写
灿烂文化共同创造
伟大精神共同培育</td></tr>
<tr><td>人类命运共同体
（和衷共济）</td><td>交流、交往、交融
线路、事件、人物
文化发育
世界贡献</td></tr>
<tr><td>地球生命共同体
（休戚与共）</td><td>尊重自然、尊重生命、尊重规律
人与人、人与社会、人与自然和谐共生
寄情山水、崇尚修为、兼济天下（公平正义）</td></tr>
<tr><td rowspan="3">汇：兼容并蓄（民）</td><td>本固邦宁・民本</td><td>崇民本以固金瓯</td></tr>
<tr><td>格物维新・民生</td><td>惠民生以格万物</td></tr>
<tr><td>汇流澄鉴・民智</td><td>聚民智以成典籍</td></tr>
</table>

此表格一经确定，“何以中国”展览叙事仿佛有了公式，展品选择也就有了遵循。

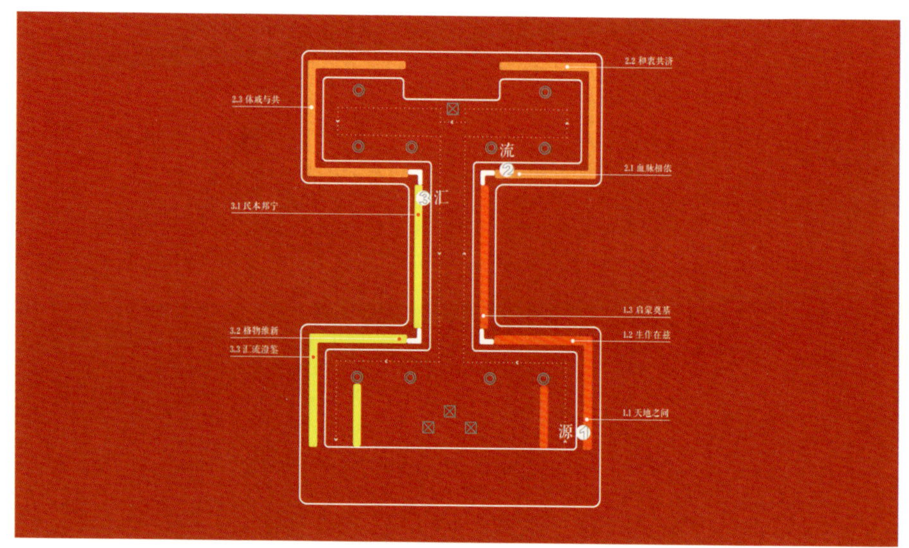

图2-2　展览导览图清晰标注了各单元和章节布局

（四）节奏

主要用好故宫文华殿“工”字形空间，合理分布单元，设置专题空间，突出重点展项，深化展览主题。

进入文华殿南门，沿殿墙由东南向北，再折向西南，分布三个单元、九个章节（版块）（图 2-2）。正中区域布置了第一单元的中央展区，以“天圆地方”的意象，展示新石器时代红山文化玉龙、良渚文化玉琮、西周何尊 3 件文物，顶部是（南宋刻）天文图（世界上现存最古老的星象实测图）（图 2-3、图 2-4）。

南北通道深处陈列了西汉长信宫灯，象征“文明之光”，既是工艺高超的物质文化代表，又是 2000 多年前中国人绿色环保理念的见证（图 2-5）。

图2-3　何尊

图2-4　中央展区

图2-5　工字廊深处的长信宫灯景观

礼乐

图2-6　战国秦石鼓文拓片图案灯箱（上）
图2-7　文渊阁书架景观及“时空甬道”（下，组图）

中央展区两侧分别布置了间隔区域，展示长卷式的展品。东侧展出战国秦石鼓文，为中国现存最古老的石刻文字（图 2-6）。

西侧最后一个展区特别设计了与中央展区有着深刻呼应的场景——时空甬道，今天的观众从这里回望中华文明起源，回看祖先走过的路程（图 2-7）。

文华殿西配殿前，设置“何以中国”30 处文物遗迹集土柜。观众称之为“大地的眼影”。

（五）表达

基本要求是：宏大主题和叙事，对中华文明历史的认知和解读，文物蕴含的思想内涵，与文明相称的文采，文博工作者的时代答案，引发观众思考。

展览共汇集 30 个博物馆的 130 余件 / 组展品，时间跨度大，文物类形多，价值珍贵，也是《国家宝藏》节目三季以来展演文物的首次实体聚会，已在《国家宝藏 · 展演季》中特别介绍，并配合 30 处中华文明代表性遗迹集土仪式，引起观众共鸣和期待。

文物说明（解读）紧紧围绕展览主线，述说每一件文物在中华文明中的地位和价值，连缀成中华文明发展历程。

前言、三个单元、九个章节（版块）、结语共 14 段文字紧扣展览主题，层层连接，步步导引，汇成剧本梗概（图 2-8）。

图2-8 “何以中国”展览三个单元与九个章节（版块）的内容展板

二、岸起云回

（展览内容）

“何以中国”展览尝试以意象化的表达，将源远流长、博大精深的中华文明视作一条浩丽江河，将文明的起源、传承、发展比拟于河水的源、流、汇。以三个单元、九个章节（版块）的内容，诠释中华民族多元一体、连绵不绝、兼容并蓄的文化特质。提出并初步回答“何以中国”的时代之问。

【第一单元】源

第一单元为“源”，以新石器时代至秦汉时期文物为主体，阐释神州大地上早期先民之生业与生活，描绘出中华文明起源的壮美图卷；讲述先民尊重自然、理解自然、利用自然，创造出蕴含民族气韵的物质成果；并在东周“百家争鸣”的激荡里、秦汉六合一统的进程中，凝聚出独树一帜的民族性格和制度建构，奠定了多元一体、奔流不息的精神之源。

1.1 天地之间

第一单元第一章为“天地之间”，通过 14 件 / 组文物，诠释先民在亿万年演化而成的神州大地上，通过对自然万物的观察与感悟，孕育出早期中华文明。如以玉璧、玉琮等体现敬天礼地，以三星堆铜太阳形器、神鸟等体现太阳崇拜，以四神瓦当体现对于星空方位的探索与思考等，展现了中华文明初始时期的卓越创造力和生命力（图 2-9）。

图2-9　“天地之间”实景局部

天地之间
BETWEEN HEAVEN AND EARTH
太阳崇拜
生作在兹
农事

图2-10 “生作在兹”实景局部

1.2 生作在兹

第一单元第二章为“生作在兹”，通过 16 件 / 组文物，展示中华先民利用华夏大地的宝贵资源，创造出丰富多彩、独具特色、延绵至今的物质文明。如代表农业生产发展的骨耜，标志纺织技术进步的玉蚕，体现对于土、水、火等元素纯熟运用的龙山黑陶，见证高度发达的青铜铸造工艺的皿方罍等，以器凝思，滋养了中华文明参天法道、敬祖惠民、崇德尚礼的思想观念（图 2-10）。

1.3 启蒙奠基

第一单元第三章为“启蒙奠基”，通过 22 件 / 组文物，展示中华文明精神特质和制度架构逐渐形成的过程，从甲骨中的文字，到何尊里的“中国”；从

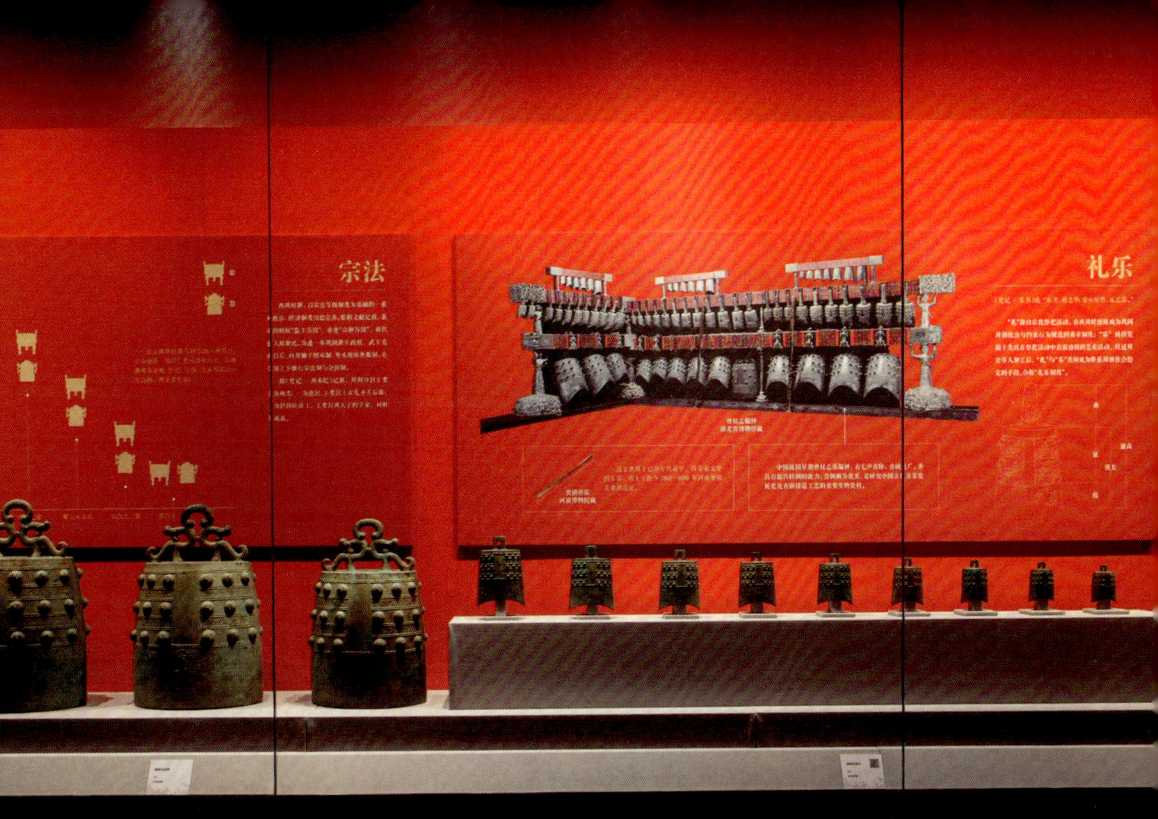

图2-11　“启蒙奠基”实景局部

孔子见老子画像砖中回望春秋百家争鸣，到商鞅方升代表战国变法浪潮；从云梦秦简里记载的秦并天下，到五星出东方锦护膊体现的天下一家。作为统一多民族国家的中国，由此奠定了强大的思想与制度之源，为中华文明之河奔流千载提供不竭动力（图 2-11）。

【第二单元】流

第二单元为“流”，以上启周秦、下至宋元的文物为主体，讲述中华文明在域内各民族的交融中、与域外文明的互鉴中、与自然万物的共生中，逐渐汇聚涓滴而成为浩荡洪流的历史进程。

图2-12 “血脉相依”实景局部

2.1 血脉相依

第二单元第一章为“血脉相依”，通过18件/组文物，展示域内各民族交往、交流、交融的历史，象征国家统一的晋归义羌侯驼钮金印、代表审美融合的青釉塑贴飞天团龙纹仰覆莲花尊、体现技术交流的银鎏金镶珠金翅鸟等，共同诉说中华大地各民族共同开拓辽阔疆域、共同书写悠久历史、共同创造灿烂文化、共同培育伟大精神的史诗（图2-12）。

2.2 和衷共济

第二单元第二章为“和衷共济”，通过17件/组文物，诠释在与世界文明的对话中，中华文明贡献了哪些成果，又吸取了哪些养分，如通过金花树式步

图2-13 “和衷共济”实景局部

摇冠展示草原丝路的历史意义，通过波斯孔雀蓝釉陶瓶表现海上丝路的文化交流，通过龙泉窑青釉刻划缠枝牡丹纹凤尾尊阐述以瓷器为代表的商品在全球掀起“中国热”风潮，通过何家村窖藏金银器诠释工艺技术的吸收与创新。以文物实证文明因交流而多彩，文明因互鉴而丰富（图 2-13）。

2.3 休戚与共

第二单元第三章为“休戚与共”，通过 12 件 / 组文物，展现中华文明的自然观与生态环境思想，如力士博山炉体现了人与自然、现实与想象的对立统一，《游春图》表达了寄情山水、放达物外的超然情趣，《狮子林图》代表着“虽为人作，宛自天开”的造园境界，将天地之美、和谐之道融入文学、艺术和哲学思考，构建

图2-14　“休戚与共”实景局部

起中华文明独一无二的美学体系和人文景观，为当代全球生态文明建设提供历史养分、贡献中国智慧（图2-14）。

【第三单元】汇

第三单元为“汇”，通过集中展示反映中国古代思想、科学、文化成就的文物，诉说中华人文精神中以民为本的核心理念，展示历史进程里惠及民众的科技成果，论证浩瀚典籍内千年不辍的文化基因。

图2-15 “本固邦宁”实景局部

3.1 本固邦宁

第三单元第一章为“本固邦宁”，通过 20 件 / 组文物，讲述“仁者爱人”“以民为本”思想如何历久弥新，根植于中华民族的血脉之中。从商周十供背后贯穿两千余年的儒学传承，到充分体现“有教无类”观念的《三圣像》；从家国同心、凛凛大节的颜氏家庙碑（拓片），到四海一家、共庆新春的金瓯永固杯，展现民为邦本、本固邦宁的永恒追求（图 2-15）。

图2-16 “格物维新”实景局部

3.2 格物维新

第三单元第二章为“格物维新”，通过16件/组文物，展示古代中国基于民生、惠及世界的科技成果，天文图碑（拓片）中对星空的详细记录，呼应着自古以来极目星河的追求；印刷术及木活字戳带来的信息革命，迅速推进了人类社会前行的脚步。这些为民生福祉而不断创造创新的科学技术，链接起了中国与世界、过去和未来（图2-16）。

图2-17 “汇流澄鉴”实景局部

3.3 汇流澄鉴

第三单元第三章为“汇流澄鉴”，通过 7 件 / 组文物，诠释中华典籍中汇聚的文化瑰宝如何传承民智、遗飨万年。除登上《国家宝藏》节目的后蜀残石经外，本章聚焦集成中国传统文化精髓的《钦定四库全书》。这套皇皇巨著承载了中国不曾断流、愈发浩荡的文化之水，记录了数千年之思想、知识精华，呈现中华文明兼容并蓄的特质与历久弥新的魅力（图 2-17）。

三、众流同归

（展览述评）

“何以中国”展览在文博同侪和社会各界的鼎力支持之下有所小成，尤以“纵贯中华文明的宏伟叙事”“文博系统与媒体传播的深度融合”“超越展厅的时空结构”为自得，特属文为记。

（一）纵贯中华文明的宏伟叙事

“何以中国”展览，仅以 130 余件 / 组文物诠释中华文明的起源（“源”）、传承（“流”）、发展（“汇”）之义，展现文明长河的浩丽画卷，因于宏观结构设置时的叙事考量。

通过对文明进程的高度浓缩，对文物价值的准确阐释，对策展过程的精细把控，让中华文明的故事如同大江大河般行进在故宫文华殿的特殊空间之内，重而不凝、流而不散。

通过环环相扣的主题推进，主旨清晰又相互联系的单元情节，以及作为隐线的年代顺序，因势利导，水到渠成，保证了整体叙事的连贯一致。

通过让每一件文物展品都承担叙事功能，扮演在中华文明进程中的鲜明角色，与其他展品一起构建完整故事情节，达成了陪伴观众走入“沉浸式电影”的初衷，避免了以往个别展览“见物不见人”的遗憾。

通过“生”“和”“民”为三个单元的隐含主题，阐发“源”“流”“汇”

之寓意，高屋建瓴又厚重深沉，画龙点睛又云淡风轻，分别回答了华夏大地何以中国、中华民族何以伟大、中华文明何以不朽三大问题。

（二）文博系统与媒体传播的深度融合

“何以中国”展览自起心动念起，便与媒体传播深度绑定。中央广播电视总台以 10 期《国家宝藏·展演季》节目为展览预热，展览的策展过程与节目的录制进程紧密融合，展品的选择与节目的编排互为表里，参与节目录制的文博机构也全部投身展览筹备之中。回顾《国家宝藏·展演季》节目的策划制作过程，颇有周刊连载小说、而与电影同步创作之感（似金庸先生创作连载武侠小说）。2021 年 11 月 30 日，30 家博物馆馆长在演播室共同完成第十期盛典节目的录制，通过文明遗迹集土仪式，向百年考古致敬，并郑重宣告“何以中国”文物特展盛大开幕。本次展览不仅是对中国百年考古文博事业的献礼，更是一份当代中国文博人与电视人共同书写的时代答卷。

展览开幕之后，国家文物局、中央广播电视总台及故宫博物院、各参展文博单位合力推进“何以中国”的宣传报道，持续通过新闻、访谈、直播、讲座、出版等多种形式，进一步阐发展览主题、策展理念，介绍重要展品，讲述文明故事。

国内外众多媒体热情关注“何以中国”展览，拿出重要版面、频道、时段等，用醒目标题、大幅文章、重磅节目等，传播“何以中国”的文明印记；并以“何以中国”为标题和主旨，采访、报道文物保护利用工作的新实践、新成果，营造全社会保护文物的浓厚氛围。

“何以中国”已然成为时代名词。

（三）超越展厅的时空结构

“何以中国”展览是划时代的，不仅在于宏大的主题、清晰的结构、优美的叙事、精彩的文辞、知名的文物，还在于以超越时空的策展理念，引发中国博物馆界关于展览走向的思考。

首先，在展厅之内，充分利用文华殿“工”字型空间，合理设置三个单元、九个章节（版块）布局，使展览内容结构清晰，历史流线贯通，重点展项突出。

同时，深刻建构展览首尾之间呼应对话，前言中提出“何以中国”的问题，结语处给出“这就是中国”的回答；1.1 章节布设“天圆地方”的文明之源展项，3.3 章节以《四库全书》时空隧道回望祖先走过的路程。将展览进程统一在同一逻辑框架下，传达中华文明之河奔流不息、贯通古今、泽被万方的叙事理念。

在展厅之外，集土自 30 处中华文明重要遗迹的“何以中国”装置，不仅是百年中国考古的缩影，更是中华文明的缩影，而将装置与展览相结合，也包含了策展团队“将展览办在祖国大地上”的期待与努力。

此外，还将展厅内外的时空进行了密切关联。如以展厅内岁首开笔的金瓯永固杯，对应展厅外岁末年初的新春佳节，营造共度壬寅春节的喜庆氛围；以展厅内冬奥会火种台的设计原型何尊、火种灯的设计原型长信宫灯、奖牌的设计原型玉璧，对应展厅外如火如荼的北京冬奥，连接中国与世界，共享奥运激情；以展厅之内中华祖先创造的珍贵文物（灿烂成就），对应展厅之外华夏儿女接力奋斗建设的伟大祖国。统一展厅内与展厅外、历史与现实、个人与国家的时空关系，呼唤对“何以中国”的永恒追问与持续回答（图 2-18）。

图2-18　智慧之光

展览，以物记事，以事叙史，以史启思。

文物，记录过去，映照当下，启迪未来。

The Answer of an Era

策展

八水同注开区宇

一、定宏义于未著：文明传承的理论指导

习近平总书记强调，要让文物说话，让历史说话，让文化说话。让收藏在博物馆里的文物、陈列在广阔大地上的遗产、书写在古籍里的文字都活起来，丰富全社会历史文化滋养，使中华优秀传统文化不断发扬光大。

“何以中国”展览始终坚持文明传承理念，聚焦“三个讲清楚”，阐释文物价值，讲述中华文明故事。始终坚持公众导向，遵循并发展展览学科理论，发挥博物馆研究和教育功能，引发观众思考，增进文化认同。始终把握传播学规律，加强跨界融合，以演导展，以展映演，多方互动，营造全社会关心和保护文物的浓厚氛围。具体体现为“大视野”“大主题”“大时代”。

——大视野

坚持正确史观，以物记事，以事叙史，以史启思。大开大合，粗线条适当突出几个亮点；且深且入，坚决落实“三个讲清楚”。不搞面面俱到，更不陷入形而上学和低级学术观点。每个单元、章节（版块）文字以四至五段为宜，每段两三句，每句皆有意义（不说空话），每词都不重复（文采）。

——大主题

紧紧聚焦“何以中国”主题，在处处时空中讲述中国故事，每个单元、每件文物、每幅背景均不偏离。运用好情节（有思想的叙事）、环境（技术＋艺术）、表达（部题及文物说明文字）三个关键词，将文物切实融入展览之中，仿佛进入合乎逻辑的沉浸式电影，文物是最好的演员，在剧中表演，观众观赏每一件文物，随着剧情的发展，如同走过历史长河，认识中国。好的展览，观众是看得懂的。

——大时代

积极运用当今对于中华优秀传统文化的最新认识成果，如马克思主义基本原理同中华优秀传统文化相结合、地球生命共同体、冬奥文化元素等。展览不仅记忆和理解过去，更要关照当下、启迪未来，体现当代价值、世界意义，为续写中华文明新辉煌作出博物馆人和电视人的贡献。一起用前所未有的展览交出“何以中国”的时代答卷。

二、谟九歌之先章：故事为先的叙事逻辑

“何以中国”展览的核心价值，是讲述“多元一体、连绵不绝、兼容并蓄”的中华文明特质。经过反复研究，将展览脚本创作方向确定为：紧紧围绕“何以”的叙事脉络，选取具有典型意义的文物，阐释其在中华文明史上的地位和作用，讲述“最中国”的故事。展览尝试以意象化的表达，将源远流长、博大精深的中华文明视作一条浩丽江河，展览主线即为中华文明的“源”（起源）、“流”（传承）、“汇”（发展），大致分别对应“多元一体”“连绵不绝”“兼容并蓄”。在三个单元下各设三个子版块，合成“九章”。同时，为兼顾历史朝代、文物类型排列，展览内容设计以中华文明历史进程为时间隐线，服务展览叙事空间主线，“源”从史前讲到汉初（文明定型），“流”从秦汉叙至元末（融合共生），“汇”以明清为主、兼及历史上各朝代（蔚为大观），各从不同角度解读文物中蕴含的多重价值，避免了各单元均使用相近类型文物造成的叙事逻辑分歧。

故事的逻辑为：涓涓细流融为一体——起源，协和共生奔腾向前——传承，润泽万物映照当下——发展。

（一）“源：多元一体”

包括：“地理・生业”“物产・生活”“思想・生息”。从中国地理分析开篇，阐释中华文明生产力动因，以中国独特的、延续至今的物质文化，展示其中蕴含的哲学思想、价值观念、制度体系，强调其对于中华人文精神的滋养，并使我们成为“中国人”的源泉，以及对当代中国的影响。

此单元内容，主要展示百万年人类史、一万年文化史、五千多年文明史，以及先秦思想、制度、生产等，展示中华文明起源及早期发展。

（二）“流：连绵不绝”

重点体现时代价值，即“流”入当下、世代接续，形成“中华民族共同体”“人类命运共同体”“地球生命共同体”。

“中华民族共同体”阐明我们祖国的辽阔疆域由各民族共同开拓，悠久历史由各民族共同写书，灿烂文化由各民族共同创造，伟大精神由各民族共同培育。各民族政治上团结统一，文化上兼容并蓄，经济上相互依存，情感上相互亲近，多讲民族融合、民族平等、民族团结、各民族共同繁荣，不强调具体民族、王朝的文化特性。

“人类命运共同体”以交流交往交融为重点，展示中华文明同世界其他文明互通有无、交流借鉴，在表现中华（汉、唐）开放包容气度、吸纳域外文明成果、不断发育思想及物质文化的同时，更突出中华文明向世界贡献了深刻的思想体系、丰富的科技文化艺术成果、独特的制度创造，深刻影响了世界文明进程。强调文明因交流而多彩、因互鉴而丰富。文明交流互鉴，是推动人类文明进步和世界和平发展的重要动力。

“地球生命共同体”表现中国人尊重自然、顺应自然、保护自然（绿色、协调、可持续）的哲学情怀，人与人、人与社会、人与自然和谐共生的道德追求，寄情山水、崇尚修为、兼济天下（公平正义）的价值理念，并发展为“绿水青山就是金山银山”理念（扩展为新发展理念），强调中国主张、中国方案、中国智慧对于世界生态文明和国际治理的最新贡献。“万物各得其和以生，各得其养以成。”

此单元内容，“中华民族”讲一体性，“人类命运”述多元性，“地球生命”叙多样性，共同讲述中华文明对人类文明进步的重大贡献。

（三）“汇：兼容并蓄”

既集大成中华文化优秀成果，更鲜明地揭示一切文明历史都由人民创造、人民享有、人民传承（人民是历史的主人和文明向前发展的主导者），包括“本固邦宁·民本”“格物维新·民生”“汇流澄鉴·民智”。

“本固邦宁·民本”突出强调“民为贵，社稷次之”，映照生活、关切苍生。艺通乎神，而爱民。崇民本以固金瓯。

“格物维新·民生”重点表现科学技术发展促进社会进步、民生改善。技进乎道，而为民。惠民生以格万物。

“汇流澄鉴·民智”略述历代名典之后，集中解读《四库全书》的要义精髓，阐发中国典籍的当代功能。典达乎智，而亲民。聚民智以成典籍。

此单元内容，主要讲述中华文明基于生民（人民福祉）的灿烂成就。

三、展乾坤于宫室：物展一体的精微思索

“何以中国”展览共展出珍贵文物及复制品 130 余件 / 组，上起石器时代，下至现代，涵盖石器、陶瓷、玉器、青铜器、金银器、书画、古籍善本、印章等类别，包括何尊、长信宫灯、藏文《四部医典》、金瓯永固杯等声名远播的国宝重器。每件文物在展览中都有其明确的叙事功能，物为展来，物展一体。

试选各章节部分文物为例。

1.1 天地之间（地理·生业）

我国历经亿万年演化而来的三级阶梯的地理格局，东临大海、北接朔漠、南连诸岛、西倚群峰，拥有多样的气候与物产，内部各区域相互联通，与外部相对独立又密切往来。中华先民在这片神奇的土地上，接受“天地之间”的馈赠，发展出多元的生业。故而走入展览的第一件辅助展品，便是中国地形图。

图3-1　红山文化玉龙——龙通天地

在先民描摹天地、理解自然的漫长岁月里，龙作为中华文明的特殊崇拜与信仰，很早便出现在中国大地上，查海遗址距今约 8000 年的石堆塑龙，西水坡遗址距今约 6500 年的蚌塑龙，都体现出先民对于自然抽象而又具体的认知，也代表着当时的生产力水平。距今约 5000 年的红山文化玉龙（图 3-1）是目前发现最早的玉龙形象，具有沟通天地的功能，逐渐演化为权力地位的象征。而龙作为中华民族的图腾，也一直延续到了今天。

图3-2 良渚文化玉琮、玉璧——天圆地方（组图）

在日升月落、四时轮转的生产生活中，中华先民逐渐形成了“天圆地方”的宇宙观念，玉器也出现在礼仪祭祀等活动中，经历巫玉、王玉、民玉三个阶段，以玉为尊、以玉事神、以玉藏礼、以玉比德、以玉为美渐次成为中华民族的习俗与传统。这组出土于良渚遗址的玉璧和玉琮（图3-2），做工精良，气象雅正，代表着杰出的工艺水平和高度发达的礼仪制度。后世《周礼》载：“以玉作六器，以礼天地四方。以苍璧礼天，以黄琮礼地，以青圭礼东方，以赤璋礼南方，以白琥礼西方，以玄璜礼北方。”记述了敬天礼地观念及玉文化的传承与发展。

在对宇宙与四季变化的不断体认中，先民们意识到了星空与季节间的固定联系，又从四方星宿的天象中联想、抽象出艺术形象，即东方青龙、西方白虎、南方朱雀、

图3-3　四神瓦当——极目四方

北方玄武四种神兽。这组汉代四神瓦当（图3-3），以宏放的设计，彰显人与自然融合协调的理念，昭示着中华民族与浩瀚星辰的不解之缘。而关于四方的理解与传承，也一直延续到了展览的最后。

图3-4 带藤条骨耜——农耕底蕴

1.2 生作在兹（物产·生活）

本章节通过呈现先民在耕种、纺织、制陶、铸铜等领域的物质成就，诠释生作于神州大地的历史乐章。

农耕文明，具有深厚的历史底蕴，也是中华文明的重要底色。农耕文明强调继承（如土地、种子、生产工具、生产经验等），滋生了家庭观念、宗法意识，特别是尊祖崇宗、落叶归根的思想。农耕文明强调团结，讲求集体协作，共同应对环境和族群的挑战。农耕文明强调和谐，敬畏自然，顺时而行，天人合一。农耕文明强调诚信，春种秋收，来不得半点狡诈；也支持创新，以生产力发展促进人口增长，民族繁衍。这件骨耜（图3-4）是河姆渡文化的代表农具，是迄今考古发现唯一一件保存完整、带有藤条捆绑木柄的史前骨耜，是早期中国农耕文明的缩影。

图3-5　玉蚕——丝绸源流（左）
图3-6　蛋壳黑陶套形杯——淬土为陶（右）

伴随着农业发展，桑蚕手工业也在神州大地上萌生，河姆渡文化牙雕中已发现蚕纹，双槐树遗址出土写实的蚕形骨雕，红山文化亦有玉蚕发现。而这只商代的玉蚕（图 3-5），与甲骨文中关于“蚕”“丝”“桑”“帛”的记载一起，讲述着古人养蚕缫丝的故事，也开启了中西文化交流的乐章。

陶器的发明，是人类利用化学变化改变物质天然性质的开端，也是人类社会发展到新石器时代的主要标志之一。陶器的第一次出现距今已有近 20000 年，经历了漫长的发展过程，是各个地区早期考古学文化最主要的手工制品和代表性的文化符号。这件来自山东龙山文化的“蛋壳陶”（图 3-6），胎体极薄、制作精致、造型小巧，不仅代表了 4000 年前世界上最先进的制陶工艺，更是中华

图3-7　皿方罍——熔金凝华

先民以水、火、土等元素为音符编写的智慧协奏曲。

青铜的铸造和使用，标志着人类社会生产力的又一次巨大跃迁。夏、商、周等建立在青铜礼制基础之上的早期王朝，创立了影响后世数千年的思想观念和制度体系，也深刻影响了人类文明进程。这件皿方罍（图 3-7）被誉为“方罍之王”，代表了晚商青铜铸造鼎盛期的艺术风貌和技术水平。

2014 年，在战乱中流落海外近百年的皿方罍器身，终于在各界共同努力之下，回归故里，与器盖相聚。古称完璧归赵，今又完罍归湘。真可谓“重器熔金铸，聚散国运合”。

图3-8 甲骨——文字

1.3 启蒙奠基（思想·生息）

因为文字的产生，有了关于中国的记载，随着“中国”二字的出现，礼乐制度逐渐完备。生产力持续发展，政治制度构建推行，华夏各地交往紧密，百家争鸣时代到来，变法释放巨大能量，秦国担起历史重任，大一统根基由此奠定。本章节文物选择与排布，便以此逻辑为线索展开。

甲骨文作为中国最早自成系统的成熟汉字，是研究古代社会历史、文化、语言的重要资料。自甲骨文（图3-8）以来的中国文字，让“何以中国”的信息代代相传，塑造了几千年从未断流的中华文脉。

“中”“国”二字作为一个词语，首次出现在何尊（图3-9）“宅兹中国”的铭文中。何尊铭文记述了西周成王五年营建东都洛邑的史实，与《尚书》中《洛

图3-9 何尊——中国

图3-10　镂雕双龙首纹玉璜——制礼

诰》《召诰》等文献相吻合，起到证史、补史作用。在“天下之中”营建都邑，将天地自然运行法则，转化为人间社会治理规则，“象天法地”“以中为尊”，制礼作乐敬天保民，是天人合一思想的集中体现，此谓中国人的宇宙观、天下观、社会观。

周人制礼作乐以别异合同，维持伦理传统和社会秩序，玉器是礼制的重要承载。这块龙纹玉璜（图 3-10），是一组玉佩的核心组件，既代表尊贵的身份，也约束着佩戴者的行为。孔子提出“君子比德于玉”，《礼记》记载：“君子无故，玉不去身”，反映了尚玉、尚德的社会风貌。《诗经·卫风·淇奥》所载“如切如磋，如琢如磨”，则阐明了君子养成与玉器琢制的共通之处。

图3-11　蟠螭纹编钟——作乐

在古代中国，乐的作用远比娱乐更加广泛而深沉。荀子称，相比于“礼”的“别异”之能，“乐”之用在于“合同”，所谓“故乐在宗庙之中，君臣上下同听之，则莫不和敬；闺门之内，父子兄弟同听之，则莫不和亲；乡里族长之中，长少同听之，则莫不和顺。故乐者，审一以定和者也，比物以饰节者也，合奏以成文者也；足以率一道，足以治万变。”乐器是祭祀、宴饮、外交等社会活动中必不可少的元素，这组郑国编钟（图 3-11）是周乐的重要载体，见证着中华礼乐文明的辉煌过往。

时至东周，铁质农具广泛使用，生产力水平迅速提升，各地的货物、各异的思想、各色的人群经由日渐成熟的水陆交通网络频繁交流。这件鄂君启金节（图 3-12），是战国时期楚怀王颁发给鄂君启的水陆运输货物免税凭证，宣告着一个交流与联系日益密切时代的到来。

车节

舟节

图3-12　鄂君启金节——交流

图3-13　孔子见老子画像石——绽放

当时，以青铜生产与宗法分封为基础的旧制度逐渐瓦解，诸侯间纷争不休，建立兴邦安民的新思想、新制度，成为时代课题。儒家、道家、法家、墨家……无数志士将才华、热血、梦想乃至生命投入这场伟大的实验与探索之中。百家争鸣，学说交锋，思想涓流终汇成智慧江河。而孔子见老子画像石（图 3-13），描绘的正是那个风云激荡、英才辈出的时代。

图3-14 商鞅方升——变革

在激烈的思想交锋与制度实验中，体现法家思想的商鞅变法为平六国、开一统奠定了制度基础。此方升（图 3-14）正是商鞅变法时所铸（前 344 年），为统一度量衡的标准量器，是重大改革的见证者和参与者。器壁三面及底部均刻有铭文，底部是秦始皇统一中国后（前 221 年）加刻的诏书，表明秦代制度的延续。

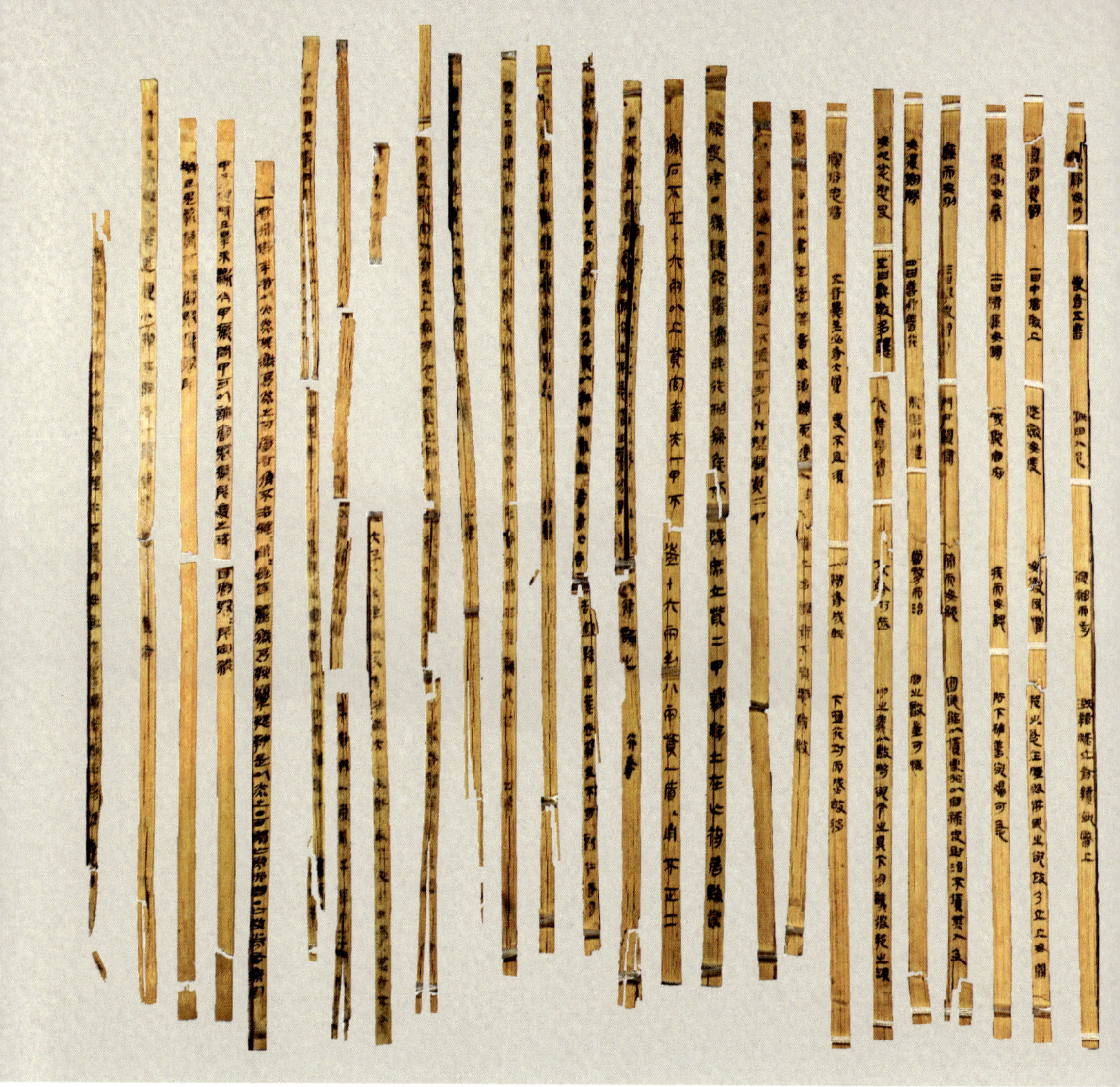

图3-15　云梦秦简——一统

携变法之势，秦国国力大增，整兵精武，挞伐六国。公元前 278 年，秦将白起攻陷楚国郢都，设为南郡，在楚国故地实行秦法，“以法为教”。此组秦简（图 3-15）出土于曾属楚国的云梦睡虎地古墓群，而墓主“喜”却是一位以法律、日书等随葬的秦吏。云梦秦简代表着秦制推行各方，中华大地书同文、车同轨、法同治的一统过程。

图3-16 长信宫灯——启迪

汉代继承秦代大一统格局，将统一的观念牢牢镌刻在华夏基因之中，在此基础上创造出璀璨的物质文化与精神生活。这件长信宫灯（图 3-16），出土于西汉第一任中山靖王刘胜妻子窦绾墓中，体现了高超技艺和环保思想，有“中华第一灯”的美誉，也是展览中“文明之光”的象征。同时，长信宫灯还是 2022 年北京冬奥会火种灯的设计灵感来源，这缕千年传承的火光，既是对非凡智慧的讴歌，又是对和谐星球的祈盼。

2.1 血脉相依（中华民族共同体）

在本章节中，来自不同区域的文物，从多维角度呈现中华民族共同体的形成过程，以及各民族水乳交融的历史脉络。

汉晋以降，疆域开拓，民族融合，中国大地上政治一体化进程加快。这枚“晋归义羌侯”驼钮金印（图 3-17），便是各民族交往交流交融、共同铸就政治共同体的有力证明。

图3-17 “晋归义羌侯”驼钮金印——四方归一

伴随着声声驼铃，各民族间交往愈加密切，在文华汇聚的敦煌，来自各方的匠人汲西天之法相，饰东土之玲琅，驻贵霜之舒雅，开隋唐之弘放。揭无缘大慈，绘神鹿以渡世间苦厄。释同体大悲，蕴六色以化众生情长。在交融互鉴中，将中国美术推向下一个高峰（图 3-18）。

图3-18 鹿王本生故事图——八纮同轨

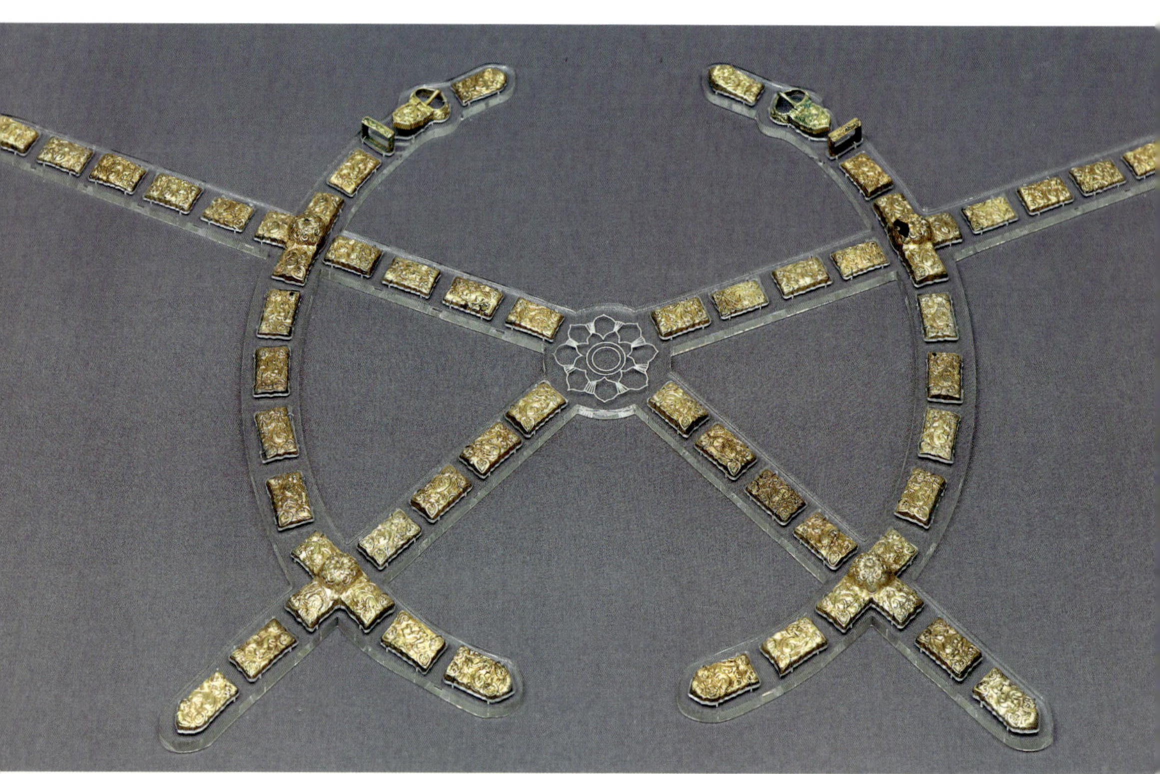

图3-19 银鎏金鹿啣草纹马鞧带饰——唐风一脉

中华民族共同体意识不仅在同一时期的文物中充分体现，更表现在跨越时代的文化传承之中。辽代银鎏金鹿啣（同“衔”）草纹马鞧带饰（图3-19），其装饰风格不仅带有鲜明的草原民族特色，还继承了唐代龙戏珠纹、凤纹、缠枝卷草纹等传统纹样元素，其形制亦与唐代马饰有明显传承关系。1000年前的上京街头，辽代公子金鞍白马穿城而过的场景，正是盛唐文化福泽万方、遗惠诸族的写照。

图3-20 银鎏金镶珠金翅鸟——技艺交流（左）
图3-21 八思巴文虎符圆牌——文字融合（右）

不同地区与民族的技艺交流，既有对技法的传承，也有对工艺的创新。这件银鎏金镶珠金翅鸟（图3-20），使用了铸造、錾刻、鎏金、镶嵌和焊接等多种工艺，充分体现了云南与中原之间的交流融汇。

元朝开拓了辽阔的疆域，元世祖忽必烈命藏传佛教大师八思巴创制“蒙古新字”，即“八思巴文”。八思巴文可以拼写蒙、汉、藏、梵、回鹘等多种语言，是以一种通用字母拼写多民族语言的创造性尝试。此类虎符圆牌（图3-21）多为元朝乘驿官员传递圣旨或军务时的通关凭证，反映了元朝建立统一多民族国家的史实。

图3-22 浅绿玻璃肋纹钵——山海琉光

2.2 和衷共济（人类命运共同体）

本章节展现了中华文明积极吸收域外文明成果，并以思想、制度、科技、文化成果深刻影响世界文明进程，从中国视角诠释历史上的人类命运共同体。

随着丝绸之路、海上丝绸之路等的开通，中华文明与域外文明的交流交融渐次展开。这件晶莹剔透的玻璃器（图 3-22）制作于地中海区域，在秦汉时期来到中国，实证了千年之前相隔万里的文化互动。

图3-23　金花树式步摇冠——草原丝路

自汉代凿空西域、开辟丝路，中西之间的交流往来愈加频繁。这件金花树式步摇冠（图 3-23）的制作工艺源于西亚，自草原丝绸之路传入辽西地区，又经慕容鲜卑之手传入朝鲜半岛和日本，是广域范围内文明交流互鉴的重要见证。

图3-24 胡人吃饼骑驼俑——商旅纵横

丝路之上，一队队往来于东西南北的商旅们，同样承担着文化使者的作用。这件胡人吃饼骑驼俑（图 3-24），生动刻画了骆驼驮着沉重的皮囊，装满成卷的丝绸与布帛，一位短发胡儿坐在高高的驼背上，手持一饼正在啃食，仿佛在长途旅行中享受难得间歇的场面，这正是各地区、各民族互通有无、和谐共处景象的生动写照。

图3-25 波斯孔雀蓝釉陶瓶——万里海丝（左）
图3-26 龙泉窑青釉刻划缠枝牡丹纹凤尾尊——瓷销天下（右）

在海洋丝绸之路的连接下，巴格达的智慧宫里，来自各地的贤者，熟练使用多种语言讨论着从希腊到中原的知识。而马斯喀特的海员也已启航，他们携带这类陶瓶（图 3-25），在大洋之上乘风破浪，当锡兰的宝石、室利佛逝的香料压满船舱后，船首便会指向泉州和福州的方向，期待在那里与全世界的财富相遇。

随着中外交流交往的日益深入，中国商品受到世界各地的青睐，龙泉窑青瓷因其独特的色泽、精美的做工被多国人士喜爱，在文化交流和贸易往来中扮演重要角色。龙泉瓷器（图 3-26）与中国其他外销瓷一起，深刻影响了世界工艺审美与技术发展，使相隔万里的人民浸润在同样的优雅弧光之中，是中古时代人类命运共同体的重要媒介。

图3-27 力士博山炉——仙山人愿

2.3 休戚与共（地球生命共同体）

本章节介绍了文物中蕴含的中华文明自然观和生态环境思想，为构建地球生命共同体提供中国智慧。

在与自然万物的漫长互动中，中华先民形成了既适应现实中的自然、又向往理想中的世界的观念。这件博山炉（图3-27）中的仙山景物，寄托着长生思想、出世情怀，人与自然兼具张力与内省的关系，底定了中国人与自然互动的方式和艺术审美的特征。

图3-28　《游春图》卷——动静之间

中国人描绘的自然，既和谐统一，又富有变化。《游春图》卷（图 3-28）作为现存最古老的卷轴山水画之一，通过虚实相继、动静自如的手法，表现出大好河山盎然勃发的春日气息，以及顺时而行的人文思想。

图3-29 《狮子林图》卷——人作天开

在描绘大自然的同时，创造心中的“自然”，勾勒中国人独有的社会观和审美情趣，文人雅士将钟灵毓秀幻化作亭台影罅，以情丝千转缱绻于柳月长虹。廊庑缓步，极锦绣于一隅。隔牖漫眺，收流光至尺寸。凝水墨江南之风雅于空间之中，释千秋百景之气韵于意境之外。作为中式审美的代表，古典园林（图3-29）凝结着对人生的感悟、对自然的巧思、对美好的向往。不禁感慨：虽由人作，宛自天开！

3.1 本固邦宁（崇民本以固金瓯）

本章节文物从不同维度呈现儒家“仁者爱人”“民为邦本”思想的传承，从不同角度展现中华儿女维护祖国统一、共护金瓯永固的气概。

面对春秋纷争，孔子曾有“郁郁乎文哉！吾从周”的感慨，希望能够复振周礼，救万民于水火，还九州之安康。这份慨然任天下的理想与抱负，在接下来的两千余年中孕育出无数爱国爱民、敬道穆义的仁人君子。清乾隆帝第五次到曲阜祭祀孔子时，见所用礼器最早不过汉代，特意着宫中挑选十件礼器替换，以助孔子“用惬从周素愿”。商周十供（图3-30）自北京南下曲阜，不仅承载着乾隆个人对于孔子的敬意，更彰显了吹拂华夏两千年的浩荡儒风。

图3-30 商周十供——儒风浩荡

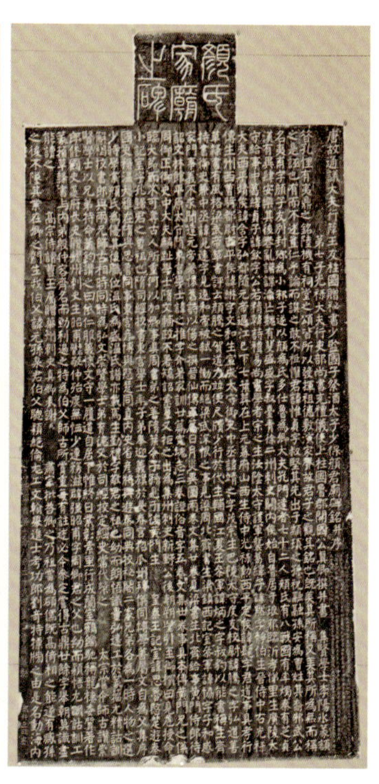

图3-31 《三圣像》——有教无类（左）
图3-32 《颜氏家庙碑》拓片——家风不朽（右）

为将儒学思想遍传天下，历代仁人不断创新。此幅《三圣像》（图 3-31）系孔府旧藏，以蝇头小楷满书《论语》，将书画艺术与儒家著作巧妙结合，在潜移默化间传播经典与精神。

儒家思想从庙堂到家族的传播，体现出家国一体、忠孝相成的情怀。颜氏满门忠烈，碑中章句记述耿耿大节的风骨；鲁公书法横绝，石上笔画勾勒胸怀天下的担当（图 3-32）。这份注入青石的正气，每当民族危亡时，都会激荡于天地之间，化为无数中华儿女的决绝与坚毅，撑起民族复兴的脊梁。

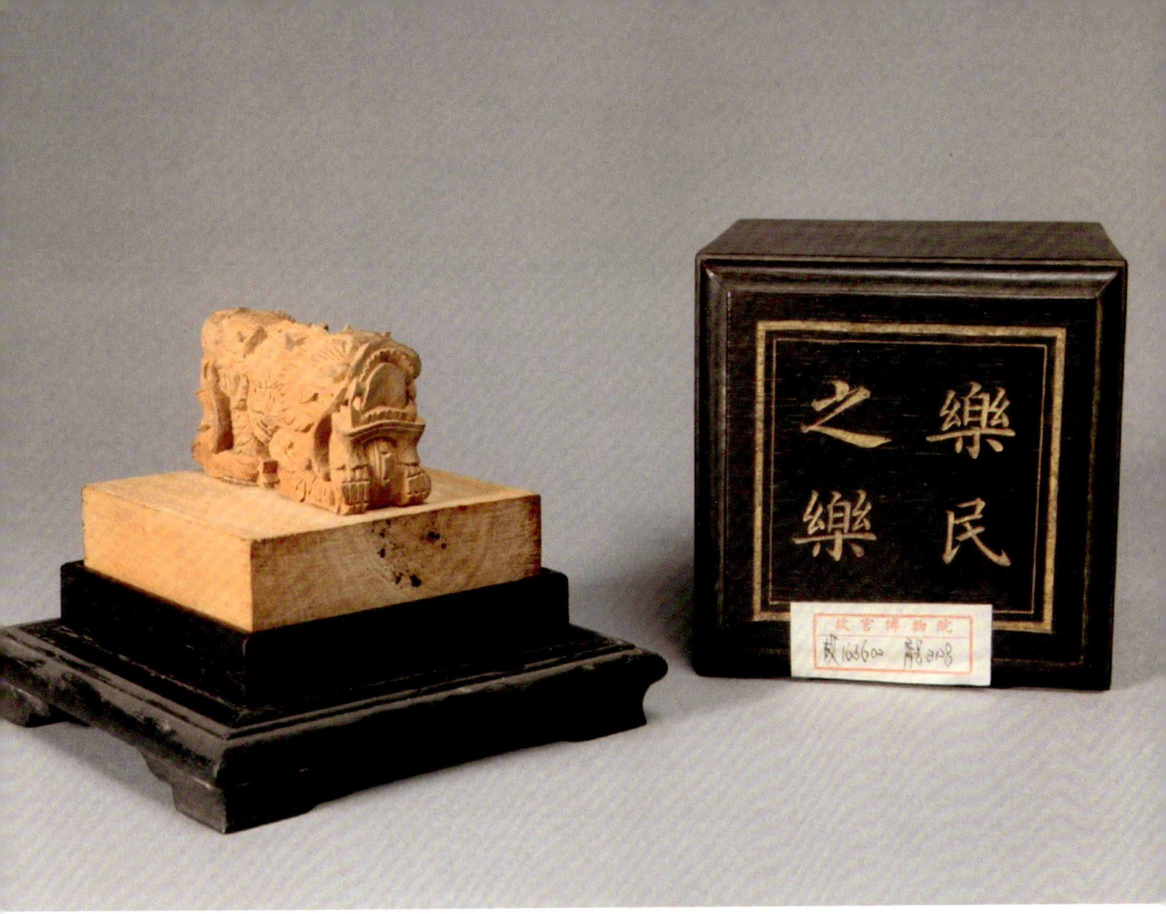

图3-33　檀香木交龙纽“乐民之乐”章（上）
图3-34　白玉马纽“政在养民”章（下）

在家国同构的夙愿中，“民为邦本”成为中国政治思想中的主流价值，“本固邦宁”也成为所有华夏儿女的共同追求（图3-33、图3-34）。

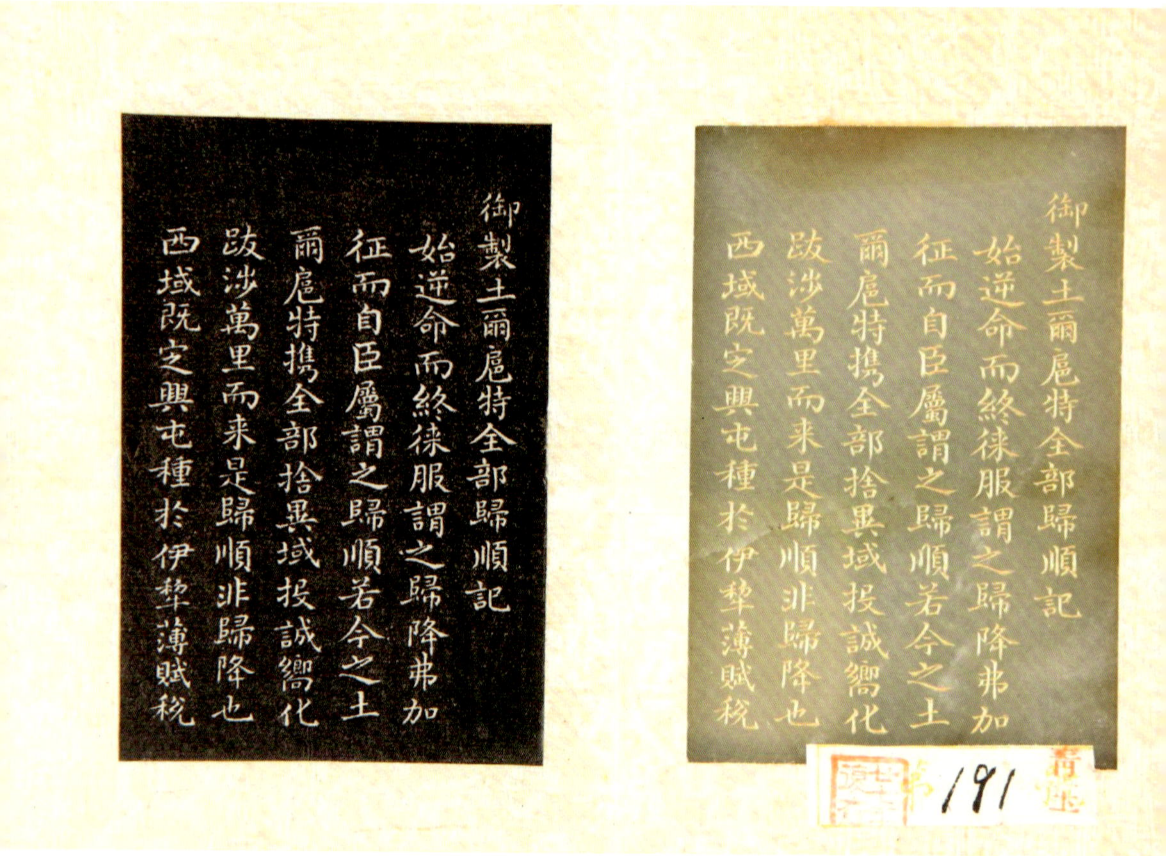

图3-35 青玉御制《优恤土尔扈特部众记》册——四海归心

正是以民为本的思想，赋予了中华文明强大的向心力。青玉御制《优恤土尔扈特部众记》册（图 3-35）记载了蒙古土尔扈特部首领渥巴锡率领 17 万族人克服万难毅然东归的壮举，纪念了民族团结、祖国统一的历史时刻。

图3-36 金瓯永固杯——金瓯无缺

是四海归心、九州与共的精神，塑造了中华文明多元一体、连绵不绝、兼容并蓄的特质。今日之神州，更加万众齐心，共护金瓯永固（图3-36）。

图3-37 《天文图碑》拓片——同瞻霄汉

3.2 格物维新（惠民生以格万物）

本章节以多种类别的文物，全面展现了中华民族善于思考、勇于创新，在天文、印刷、医药、建筑、家具等领域基于民生福祉的伟大创造。

仰观霄汉，收群星于列宿。俯勒青石，传圣智于万民（图3-37）。中华民族对星辰的探究传承至今。合作太空探索、分享月壤……今天的中国依旧与世界一道，探索无垠的宇宙，找寻星河间的信息。

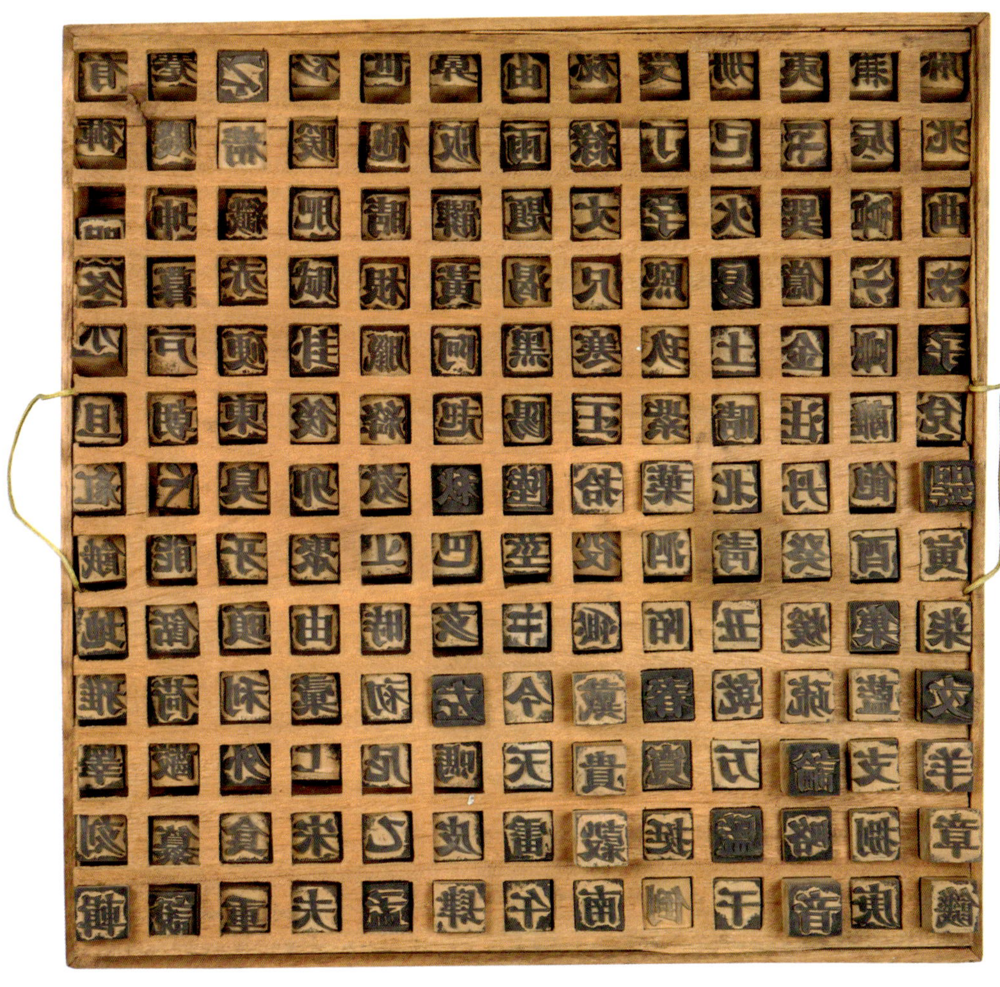

图3-38　木活字戳——共传文明

宋代发明的活字印刷术（图 3-38），对全球文化传播产生革命性影响，书籍成本大幅下降，知识传递、文化交流空前加速，人类文明进程也沿着书本铺就的阶梯冲向现代。

图3-39 《四部医典》——广济天下（左）
图3-40 后蜀残石经——文脉不绝（右）

中国医学秉仁者之心，悬壶济世，造福万民。《四部医典》（图 3-39）所代表的藏医传承和其他中国传统医学一起，为世界各地的人们带来健康与幸福。

3.3 汇流澄鉴（聚民智以成典籍）

这一章节，主要展示古代典籍的价值，突出“四库全书”汇流澄鉴的重大意义。

中华文脉万古不辍，纵然后蜀石经（图 3-40）遭遇兵燹，其中蕴含文明基因也总会历劫重生。

图3-42 《钦定四库全书》（影印本）与文渊阁——汇流澄鉴

文华尽汇成四库，汇流澄鉴通古今。中国历史悠久，文化灿烂，留下了浩如烟海的典籍。《钦定四库全书》（图3-42）分为经史子集四部，是古代最大的丛书，集中华文化之大成。中国知识分子以修身、齐家、治国、平天下为己任，所著典籍实为天地立心，为生民立命，为往圣继绝学，为万世开太平。

四、绘韶光以琳琅：古今呼应的展品选择

中华文明，从未中断。文物中所蕴含的中华文化精神，从未消散。

“何以中国”展览深切关注历史文物的当代价值和世界意义，将中华优秀传统文化研究的最新成果，如“两个结合”、地球生命共同体等融入策展理念。同时，积极呼应世界动态、国家大事、民生热点，让古代文物活在当下，走进社会中心，讲述现代故事。

“何以中国”展览于2022年新春开幕，恰逢北京冬奥会举办，策展组果断引入冬奥元素，建立展品与奥运的连接。以何尊为例，它是北京冬奥会火种台的设计原型，表达“承天载物”的设计理念（图3-43）。尊的曲线造型优美华贵，基座沉稳，象征“地载万物”；顶部舒展开阔，寓意着迎接纯洁的奥林匹克火种；祥云纹路由下而上渐化为雪花，象征“双奥之城”的精神传承；红银交映的色彩，象征传统与现代、科技与激情的融合。何尊位于“何以中国”展览第一单元“源”的中央部位，既为文明之初、“中国”之源，也连接当下，链接世界。

与何尊之使用异曲同工的还有长信宫灯，它是北京冬奥会火炬接力火种灯的设计原型，借“长信”之义，表达人们对光明和希望的追求和向往（图3-44）。飞舞的红色丝带环绕在火种灯顶部，与火炬“飞扬”视觉形象统一，象征着拼搏奋斗的奥运激情。长信宫灯在展览中喻意“文明之光”，借指文明火种世代相传，也光耀寰球。

在展览形式设计时，让何尊、长信宫灯于展厅中遥相辉映，并将这重渊源与观众分享，这是中华优秀传统文化创造性转化、创新性发展的生动写照，直抒当代社会与古代中国的血脉联系，表达“何以中国”的永续传承。

图3-43　承天载物——北京冬奥会火种台与何尊（上）
图3-44　光明与希望——北京冬奥会火种灯与长信宫灯（下）

图3-45 天地合·人心同——北京冬奥会奖牌与玉璧

与北京冬奥会有关的还有奖牌，由圆环和圆心构成，正面刻有冰雪纹，背面二十四点象征星空（图3-45）。策展组特别在“天地之间”章节陈列了玉璧，其作为冬奥奖牌设计原型，表达了“天地合·人心同”的文化内涵。

“何以中国”展览适逢岁末年初举办，策展组特意加入岁时元素，金瓯永固杯成为与现实生活关联的锚点，这只清代皇帝每年元旦（正月初一）子时举行“开笔仪式”的专用酒杯，将展馆内的时间与展馆外的时间统一起来，让新春踏雪而来的观众感受浓浓的年味，也为家国祈福，共铸金瓯永固。

图3-46　摸鱼组合——三彩陶卧猫（左）、三彩陶双鱼瓶（右）

“何以中国”展览十分注重时代词汇和社会风尚，贴合公众喜好，创造二次传播，专门安排了一组跨馆摸鱼“CP”，与互联网上流行的“摸鱼”文化相呼应，那就是来自辽宁博物馆的三彩陶卧猫与来自南京博物院的三彩陶双鱼瓶（图 3-46）。这对“猫鱼组合”不仅为展览增添了些许趣味，也生动诠释了隋唐大运河的历史作用。隋唐之时，北起涿郡、南至淮水（并经邗沟、江南河至余杭）的永济渠、通济渠相会于洛阳附近，洛阳地区生产的三彩器亦赖运河向南北传播，使得相隔千里的辽宁与江苏出现了这一对从未谋面的“摸鱼组合”。

图3-47 干饭鼻祖——胡人吃饼骑驼俑（左）
图3-48 西游前记——磁州窑白釉褐彩唐僧取经图枕（右）

除了“摸鱼组合”，策展组还以“干饭人”这一网络热点为切口，选择山西博物院藏胡人吃饼骑驼俑（图3-47），讲述民族融合与草原丝路的过往；以公众耳熟能详的《西游记》为引子，选择广东省博物馆藏磁州窑白釉褐彩唐僧取经图枕（图3-48），展示海丝盛况与南北交流，达成从有趣到有料、从已知到未知的知识传播过程。

五、借临川之妙笔：展览文案的文学内涵

“何以中国”策展团队既有谙熟文物的业界专家，也不乏长期为央视《国家宝藏》节目撰稿的文字高手，面对闻名遐迩的参展文物，自然需要配得上中华文明辉煌成就的文采。试举几种文学创作方法。

（一）立意

文者，气之所形，“何以中国”展览文字之造诣，首先决定于展览的气象。本次展览立足中华大地、讲述文明故事、试答“何以中国”之问的气魄，无疑为撰稿挥洒翰墨、走笔古今提供了绝佳舞台。

展览《前言》开宗明义，明确提出将以浩丽江河的意象，通过“源”“流”“汇”三个单元，阐明中华民族多元一体、连绵不绝、兼容并蓄的文化特质，讲清楚中华文明起源和发展的历史脉络、中华文明取得的灿烂成就、中华文明对人类文明的重大贡献，回答华夏大地何以中国，中华民族何以伟大，中华文明何以不朽。

全篇文案以此为基准，如进行曲般节奏、和着节拍逐次展开。第一单元以地理特征孕育物质文明、物质文明塑造精神特质为主线，贯穿中华文明起源及早期发展历程。第二单元分别以“血脉相依”诠释“中华民族共同体”，以“和衷共济”诠释“人类命运共同体”，以“休戚与共”诠释“地球生命共同体”，谱写中华文明对人类文明的重大贡献。第三单元坚持人民史观，依序展现中华民族“崇民本以固金瓯”“惠民生以格万物”“聚民智以成典籍”的灿烂成就。

文本结语与开头的提问相呼应，将百年奋斗与万年文明相统一，呼唤以史为鉴、开创未来，以今天之奋斗，交出“何以中国”的时代答卷。

（二）用典

“何以中国”展览的章节、段落文字从我国文学史汲取了大量养料，以 1.3 章节《启蒙奠基》为例：

> 夏人宏规大起，筑宫室以栋梁。商人粹图成字，存文明之星芒。周人制礼作乐，奏编钟于庙堂。
>
> ……
>
> 秦用商君之法，尽七世之烈，终鲸吞六国，混元八表。此后汉承秦制，保一统之基，续先贤之志。作为统一多民族国家的中国，也由此奠定了强大的思想与制度之源，为中华文明之河奔流千载、滈汗万方提供不竭动力。

“何以中国”展览将中华文明比作浩丽江河，文本亦需与大江大河之意相契合，撰稿时多效取古代典籍中的江河意象。如“滈汗万方”之语，脱胎于晋代郭璞《江赋》中“滈汗六州之域，经营炎景之外”。“滈汗”一词，颇具磅礴雄浑的气势，是中华文明之河的极好写照。

东汉班固《两都赋》也为展览文本撰写提供了许多灵感，如夏人“宏规大起”之语，取法于《西都赋》中形容长安“图皇基于亿载，度宏规而大起”之句。

此段文本之旨要在于将夏商周三代之特点加以阐释，二里头遗址规划之有序、规模之宏大皆世所罕见，若此为夏都，则夏代绝对可称“宏规大起，筑宫室以栋梁”。商代发明甲骨文，保存传承文明信息，故云：“商人粹图成字，存文明之星芒。”此句也是《国家宝藏·展演季》“文物特展启动仪式”中殷墟博物馆的推荐辞。周代建立影响中国数千年的礼乐制度，展览中有玉佩、编钟等文物，故云：“周人制礼作乐，奏编钟于庙堂。”同样的结构，不同的韵脚，帮助观众了解夏商周三代对中华文明“启蒙奠基”的历史贡献。

接下来的 2.1 章节《血脉相依》中“金鞍白马上京客，蹀躞偏似五陵原”一句，则是以唐诗意象为引，写出辽代艺术风格对唐代的传承与发展。李白《少年行二首》有云：“五陵年少金市东，银鞍白马度春风。”此处所谓“金鞍白马上京客”，指的便是辽代上京（文物出土地附近）飞鹰走马的契丹贵族青年与“银鞍白马”盛唐少年如出一辙。而“蹀躞偏似五陵原”，则表明佩戴着银鎏金鹿啣草纹马鞧带饰的草原神驹之步态，仿佛有昔日长安郊外五陵原上的游侠宝马之神韵，借此展现契丹马具对唐代马具形制特点的传承。

而 3.1 章节《本固邦宁》中“洛神睹江山千里，晓丹青有续；右军共太白豪情，慰翰墨长存”一句，则分别以曹植笔下的洛神目睹王希孟《千里江山图》、得知丹青之术自魏晋至后世传承有序，王羲之共鸣李白《上阳台帖》中所蕴豪情、欣慰翰墨神髓绵延不绝这两个想象中的场景，象征中华文化在不同时期的文物载体中一脉相承、永葆芳华。

（三）互文

单元、章节文本既是展览的骨架结构，也为观众观展之有效引导，“何以中国”展览文案清晰梳理文物与展览叙事之关系，将具体展品融汇于部题文字中，起到事半功倍的表达效果。

如 1.1 章节《天地之间》和 1.2 章节《生作在兹》中，分别以两组排比，将 8 件展品及其文化内涵提示给观众：

1.1《天地之间》

先民们在参悟天地、顺应自然的过程中，将思索与感知具象为一件件物品，遂铸羲和之金乌，礼天地以璧琮，定四方于瓦当，见文化于玉龙。而中华文明之河，便在此时涌出第一滴水。

这里提到的文物，分别是代表着太阳崇拜的三星堆铜神树枝头立鸟（“铸羲和之金乌”）、代表着天地祭祀的玉璧和玉琮（“礼天地以璧琮”）、代表着天文和地理方位的四神瓦当（“定四方于瓦当”）、代表着文明初萌的红山文化玉龙（“见文化于玉龙”）。这样一组互文，便于观众了解先民对自然的理解感悟与物质文化创造之间的关系。

1.2《生作在兹》

中华先民将自然中的资源巧妙运用，展仁德于美玉，藏礼乐于青铜，极工艺于陶火，淬坚毅为剑锋。而中华文明之河，也在这些承载民族特质的器物映照下，奔涌向前，川流不息。

这组排比之中，将物质文明创造与中华民族特质进行直接关联，以玉器、青铜器、陶器等，比照仁德、礼乐、技艺等，展示其中蕴含的哲学思想、价值观念、制度体系，强调她们对于中华人文精神的滋养。

同样的文体，在第三单元中运用更为普遍。不少文物都曾做客《国家宝藏》，有了脍炙人口的标志性文案，故在展览文本中直接化用。如“孔夫子文从周礼，到乾隆帝赐器十供，两千年儒风浩荡”，源自《国家宝藏》节目中“孔庙观德，郁郁乎文从周礼。乾隆赐器，儒风浩荡常在兹”；“素魂秀骨，江南榫卯风雅”，源自《国家宝藏》节目中“素魂秀骨说风雅，榫卯天成说江南”。此种改编在保证展览文本结构气韵一致的同时，唤起“国宝观众”对展品的记忆和共情。

（四）意象

展览以江河为意象，文本亦需有浩荡之形，奔流之势。以《结语》为例：

> 泱泱中华，万古江河，晨禹迹而暮朝歌，泽丰镐而卫河洛。取九原之殊勇，舞南越之金戈。融南北之血脉，混东西为一科。
>
> “何以中国”，实为中华民族之永恒命题。
>
> 展厅之内，重器凝万古之志，典籍汇千载之思。精工绝艺，融通中外。天地造化，入我胸怀。此即万千年以来，我百世祖先同心书写之答案。
>
> 展厅之外，国家强大坚毅，社会生机勃勃，科技日新月异，人民幸福安康，此即百余年来，无数志士先驱以青春、汗水、生命与信仰砥砺铸就之答案。
>
> 今天，面对百年未有之变局，值此民族复兴的关键时期，站在“两个一百年”奋斗目标的交汇点上，我辈更当以史为鉴、开创未来、埋头苦干、勇毅前行，为后世中华子孙，留下“何以中国”的时代答案。
>
> 当后人回望我们的事业时，希望能一如我们凝视前人的成就，满怀自豪地说出：“这，就是中国！”

结语第一段便以江河之形描述古代文明，所谓“泱泱中华，万古江河，晨禹迹而暮朝歌，泽丰镐而卫河洛”。其中安邑、丰镐在西，朝歌、河洛在东，都位于黄河流域，是先秦文明的腹心地带，这一句以空间喻时间，以自西而东流过中国的中华民族母亲河——黄河，比拟自远古而来、从不曾中断、浩浩荡荡的中华文明进程。同时禹迹代指夏代，朝歌代指商代，丰镐为西周，河洛为东周，又为文本增添了历史进程感。之后，“取九原之殊勇，舞南越之金戈。融南北之血脉，混东西为一科”。这大抵便是秦汉大一统以来中华民族共同体发展历程的浪漫化阐释。

接下来，文章点出“何以中国”不仅是时代之问，更是永恒追索，是不同时间、空间中华夏儿女的共同奋斗（万千年来同心书写、百余年来砥砺铸就），凝聚成了问题的答案。而当今的我们也是这条奔涌洪流中的一部分，只有踔厉奋发、勇毅前行，才能延续前人之成就，开辟民族复兴之新局。

六、颂中华于万方：跨界融合的互动手段

“何以中国”文物特展不只是一场展览，实则与中央广播电视总台《国家宝藏》节目及其他融媒体内容等共同构成了中华文明互动融合矩阵，为观众提供多层次、沉浸式的文化体验。

为配合“何以中国”特展，《国家宝藏》节目组分别推出《展演季》《宝证不一样》系列节目。

《国家宝藏·展演季》以国宝为题材，邀请文艺工作者创演节目，以国宝为文艺赋能，以文艺助国宝传播，包括歌曲、舞蹈、歌舞剧、器乐演奏等艺术形式。

例如，受唐代昭陵六骏的故事启发而创作的歌曲《威凤吟》，在 2021 年 10 月 23 日第一期节目中推出，先后获得腾讯音乐由你榜五大维度单项周榜冠军，QQ 音乐国风热歌榜周榜冠军、飙升榜日榜冠军、综艺新歌榜日榜冠军，酷狗音乐飙升榜日榜冠军、华语新歌榜日榜冠军、综艺新歌榜日榜冠军，酷我音乐飙升榜日榜冠军，并获得腾讯音乐由你榜 2021 年 11 月综艺歌曲最高分。

昭陵六骏《威凤吟》

一宵宫阙　一场繁华
多少喧嚣　青春白发
指尖光阴漫过　青石之下
千年前定格的刹那
一梦长安　一梦戎马
犹似威凤　穿云而下
远眺少年英才　身骑骏马
开疆拓土天纵风华
烽火照彻山河万重
纵马听乱世汹涌
四蹄踏破凛冽悲风
六骏佑长安千秋梦
寒甲长锋划破苍穹
烈马催肝胆相拥
褐裘公子枕戈入梦
再揽天下入此梦中
戏腔：
相隔千年峥嵘　依然心潮奔涌
天下皆在君壮阔心胸
戏白：
愿以戎马百年身　护千古长安

一梦长安　一梦戎马
犹似威凤　穿云而下
远眺少年英才　身骑骏马
开疆拓土　天纵风华
承声半汉神州名扬
五百载乱世收场
威凌八阵拓土开疆
天驷横行长安四方
倚天长剑威凤高翔
开启这巍巍大唐
冰凉青石辉映时光
诉说着千年前滚烫
倚天长剑威凤高翔
开启这巍巍大唐
冰凉青石辉映时光
诉说着千年前滚烫

图3-49 《宝证不一样》展览实景

此外，向殷墟 YH127 甲骨坑致敬的《甲骨谣》、诵云梦睡虎地秦简精华的《秦时家书》、与五星出东方利中国锦护膊对话的《心之愿》、同长沙窑青釉褐彩诗文执壶共吟的《啎春声》等作品，也获得广泛好评。

《宝证不一样》节目则由中央广播电视总台主持人成立“宝藏联络团”，奔赴全国各地，与众多博物馆跨界合作，以馆藏珍贵文物为创作源泉，融合非遗技艺、风土人情等，为国宝制作一件件特殊的“国宝身份证”，即“宝证”。这些“宝证”不仅蕴含着珍贵文物的历史智慧，也体现了赓传相续的技艺传承，帮助人们更鲜活的体认国宝价值。“宝证”展也在文华殿西配殿同期展出（图 3-49）。

七、展八纮之千彩：多重考量的形式设计

“何以中国”展览不仅要用宏阔优美的文字予以阐述，还要用简洁大气的形式设计呈现出来。策展组设计人员深入剖析主题、逻辑、结构、节奏、表达五要素，观察每件文物的精妙之处，结合故宫文华殿展厅条件，逐步构想形成设计方案。

设计之目的在于以小见大呈现展览内涵，用隐喻抒发情感，让形式设计与空间、文案、文物融为一体，满足展览内容的表达需求，构筑起连接展览和观众的视觉艺术之桥。

（一）围绕展览主题确定设计风格

策展组成立之初，就确立了与《国家宝藏》节目相结合、展现中华文明特质、讲好中华文明故事的办展理念，逐步形成以壮丽江河意象化呈现中华文明发展历程、灿烂成就、重大贡献的叙事逻辑，特别强调将展览办成“沉浸式的电影”，并将展览题目拟定为“何以中国”（图3-50），形式设计工作思路也随之清晰起来。

“何以中国”，这个疑问句式的题目表明，该展览属于宏观历史题材展览，它提出发人深省的问题，探寻关乎中华民族历史命运的答案，这在以往相关题材展览中是少见的。

为了深度解析这一命题，展览设计打破历史题材展览惯用的以通史体例和时间流转为线索的叙事思维，将文明之河作为设计主线，以沉浸式电影作为表达意念，让文物和辅助展品融入故事空间。

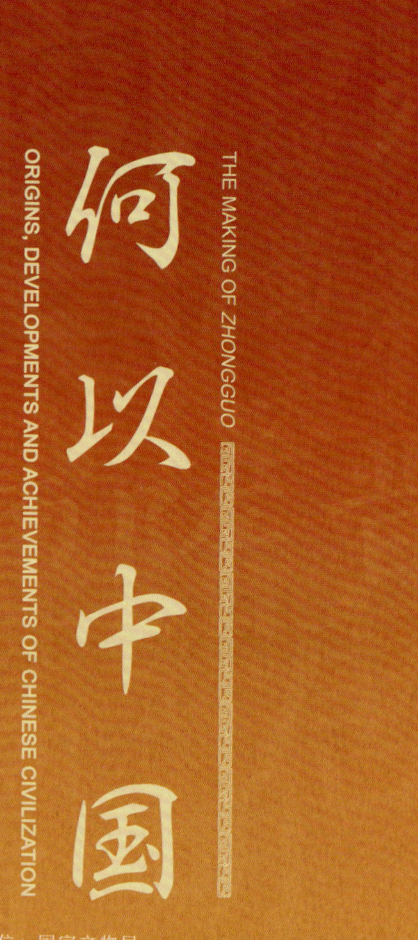

指导单位：国家文物局
主办单位：故宫博物院　中央广播电视总台
联合推广：中国建设银行股份有限公司

2022.01.26-2022.05.04
故宫博物院文华殿

图3-50　“何以中国”展览主题海报

图3-51 故宫文渊阁内景（一）（左）
图3-52 故宫文渊阁内景（二）（右）

为了呈现源远流长、博大精深的中华文明，揭示厚重底蕴，褒扬辉煌历史，策展者用史诗一般的语言书写内容。陈列的展品堪称群星荟萃，除了故宫院藏文物，还有来自全国 29 家博物馆的珍藏，涵盖陶瓷、青铜、玉器、金银器、书画等。不同品类文物时代各异、精彩纷呈，每件文物都蕴含大量历史信息，印证主题思想。

展览在故宫文华殿举办，文华殿及其后身的文渊阁延宕绵绵文脉（图 3-51、图 3-52），特别是贮藏过《四库全书》的文渊阁，如其“汇流澄鉴”匾额那样彰显中华民族包容、自省精神。在这里举办展览，非常切合题目，曾作为集萃中国传统文化之殿堂的文渊阁成了展览最大一件展品乃至压轴之宝。这是策展组选择文华殿作为展览举办场地的深层考虑，其美好寓意不言自明。然而，古建筑展示空间的布局、设施迥异于现代化展厅，这种展厅虽然拥有独一无二的优势和风格，受到的限制之多也肉眼可见。

抽象的主题、缜密的逻辑、知名的展品、特殊的场地，给展览形式设计带来诸多挑战。设计人员搜集以往举办过的宏观历史题材展览资料，发现它们常常依靠饱满的设计元素，青睐大空间、大视角、大感知的呈现，对满铺的展板、繁复的场景、巨幅的全景画等寄予厚望。这种思维定势犹如围墙，限制了形式设计的突破创新，是导致此类展览形式风格“千展一面”的主要原因，显然不能完全照搬到“何以中国”展览。设计人员决定打破常规，用新颖、匹配的手段去呈现展览主题，用空间、色彩语言将展览内容、展厅环境串联起来。

既然再“大”元素也无法概括“何以中国”，设计人员索性反其道而行之，关注展览中的“小”元素，寻求“以小见大”的要领。2021年10月中旬，展览结构经过多次修改基本成型后，设计人员据此制定出一版设计草案。考虑到具象化的场景常常因考据不足而偏离实际，很难承载广博的历史时空，且文华殿展厅面积有限，相对局促，设计者从一开始就试图用意象替代具象。比如，在正殿核心位置搭建象征古代宗庙的通透式结构，容纳何尊、玉龙、玉琮等重点展品；把长信宫灯放置在两座缩小比例的浅浮雕“汉阙”当中；用拼贴建筑元素的手法在正殿展厅结尾处象征一小段文渊阁内景；在文华殿西配殿的《国家宝藏》展演空间，根据故宫博物院著名藏品《千里江山图》做出小型立体装置，呼应因《国家宝藏·展演季》而备受公众喜爱的舞蹈诗剧《只此青绿》。正是利用“小”元素组建意象化的场景，给观众留出更多遐想余地，也就承载了更多内涵化的信息。

在这般思路引领下，设计人员结合展览内容，对形式设计方案反复推敲、不断优化，进一步剔除繁冗成分，让设计概念越来越简化清晰，亮点也越来越突显。舍弃复杂繁琐的设计后，整个展览空间的艺术调性和文化内涵反倒比之前更加丰沛、凝练，几乎每个细节都是饱满且富有张力的。

经此过程，设计人员深切体会到：宏观历史题材展览形式设计不仅可以在“大”的基调上筑垒，也能够在诸多“小”的元素上耕耘。“大”基调构建展览整体风格，往往是粗线条和表象化的，“小”元素通常指向展览内容细节，能够洞悉展览较深层面的内涵。设计者把展览形式设计看成表现方式多变的艺术作品，从而拓展策划思路，获得新的启示和灵感。

图3-53　展览空间设计整体效果

（二）利用空间布局明晰内容结构

文华殿曾于 2008 年至 2017 年间作为故宫博物院陶瓷馆使用，2018 年全面改造为书画馆，主要用于不定期展示院藏书画类文物。主展厅面积约 884.4 平米，西配殿面积约 184 平米，共计约 1068.4 平米。展厅内部主要采用沿墙壁柜，贴合建筑内墙走向搭建。展柜高约 3000 毫米，进深 650 毫米；正殿南端两侧还安装了两台不可移动的长条形平面展柜。各展柜主要为满足书画类文物展出需要设计，照明设备均为 LED 冷光源射灯和泛光灯。展柜配备了恒湿设备和温湿度监控系统，可在一定条件下维持微环境的安全性。尽管文华殿展厅改造后主要用于书画类文物展出，但它仍然是一座综合功能展厅，也可展示器物类文物。

设计人员多次到文华殿现场考察、测量、摸排，结合“何以中国”展览内容分析展厅特点和适用性，力图使展览内容与展示空间最大化融为一体（图 3-53）。

图3-54　展览标题墙平面设计

经过缜密思考，设计者把文华殿正殿、工字廊及后殿用作主要展览空间，展出“源”“流”“汇”三个单元。西配殿用于展示《国家宝藏》节目的文化衍生品（“宝证”），呼应补充展览主体部分。西配殿外侧墙边陈设来自《国家宝藏·展演季》特别栏目的30处中华文明重要遗迹集土柜，它被观众称为“大地的眼影”，作用是丰富文华殿院落空间，以户外展示配合室内陈列，让展览富有层次性，同时起到衔接正殿展览和配殿展览的功效。“大地的眼影”寓意这个展览中的展品来自全国各地，“何以中国”展览也是举办在祖国的广袤大地上，让中华优秀传统文化发扬光大。

文华殿正殿入口处有一扇隔墙，向两端延伸，构成序厅和进出通道。设计者在隔墙正立面做出展览主视觉形象，书写展览标题，与入口同大，观众从文华门远处走来即可看到，仿佛步步走近、走进展览（图3-54）。同时，运用丝网印技术把中英文前言文字布置在向右侧延伸的隔墙上，引导观众从这个方向进入展厅，按逆时针顺序参观。为引导观众合理参观，同时开门见山说明展览内

容结构，特地在展厅东墙南端（也即前言与第一单元之间）布置了展览流线（内容结构）图。结语和鸣谢文字印在左侧延伸部分，观众绕行展厅一周后从这里走出，可驻足阅读，回顾、品味、思考。

考虑到要最大限度保持古建筑展厅原貌，避免干扰文华殿内饰的美感，也要顺应文华殿内被柱子和工字廊压制出来的逼仄空间，保持展厅流线通畅，让各单元内容紧密连接、逻辑连贯，设计人员颇费了一番功夫。文华殿内，三个单元做了如下划分：第一单元使用正殿南端空场、正殿东侧沿墙展柜和工字廊东侧沿墙展柜；第二单元使用后殿四个方向（南侧开口）沿墙展柜；第三单元使用工字廊西侧沿墙展柜和正殿西侧沿墙展柜。第一单元的第三章和第三单元的第一章隔廊对话（图 3–55、图 3–56），展品之间也作了明确呼应（如 1.3 汉代孔子见老子画像石，3.1 明人绘《三圣像》、清乾隆帝赏赐孔庙的商周青铜十供）。三个单元内容规划整齐，分配到的空间也基本均衡，最大限度利用了文华殿的内部空间，且与中国古建筑的中轴对称布局规则相符合。除了在正殿南端（影壁式隔墙北侧）空场处增设 3 台独立中心展

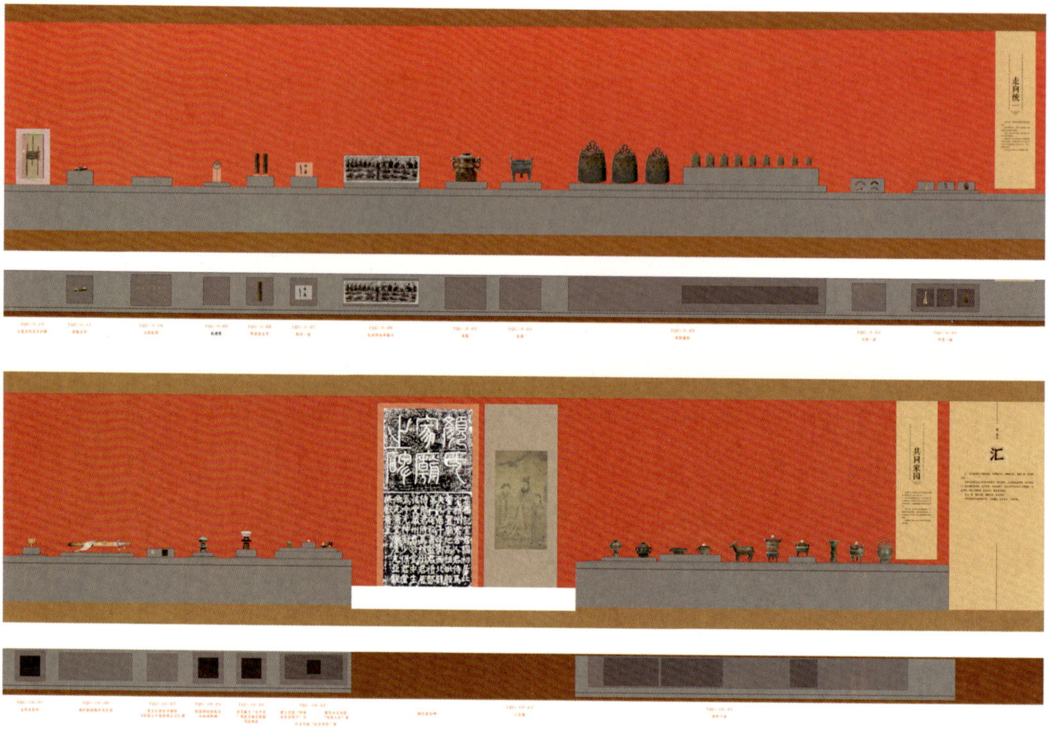

图3-55　使第一单元第三章与第三单元第一章隔廊对话的展位设计（上，组图）

图3-56　第一单元第三章与第三单元第一章隔廊对话的实景（下）

柜，设计成“天圆地方”“文明初始”的场景；在后殿中后部增设 1 台独立中心展柜，表现“中华文明之光”照耀四方；其余地方都尊重文华殿现有布局。

宏观历史题材展览高屋建瓴，习惯用大视角观察历史。“何以中国”展览形式设计透过展品思考内容，在具体而微的展品陈列次序图上找到切入点。来自孔子博物馆的“商周十供”，原为紫禁城收藏的上古遗物。乾隆皇帝第 5 次驾临曲阜祭孔时（1771 年），令将内府所藏 10 件商周青铜器颁赐给曲阜孔庙。这组展品在展览中属于第三单元“汇”，意在说明中华文明精粹的升华与集大成。形式设计中，设计者把大纲所列展品数量、展品次序和设计方案规划的展品间距、展线长度结合起来精确计算、推导，有意让这些文物陈列在文华殿工字廊西侧展柜内，与工字廊东侧展柜内第一单元“源”的编钟、追簋、小克鼎等诸多先秦青铜器以及“孔子见老子”东汉画像石咫尺相望，观众可以同时看到两侧展柜内的这些文物，瞬间理解彼此的关联。借助这个微妙构思，设计者传达出展览所要表述的“传承”与“发展”思想，基本达到了借助空间语言服务展览结构、解读展览内容的设计目的。

（三）通过景观装置突出核心亮点

多次修改完善设计方案后，设计者最终以概念式的空间隐喻方法，为展览构思出 4 处作为亮点的小景观，突出展览主题的思想，营造展览叙事的高潮，激活展览表达的节奏。

何尊、红山玉龙、良渚玉琮组合陈列是整个展览的核心模块，策展组将这几件文物置于一起展示，意在展现中华民族早期的宇宙观念、图腾崇拜以及“中国”名词的来源。

设计者规划了用多根钢架构成的景观装置，把 3 台独立展柜罩在里面。景观立面为方形，顶部悬挂直径约 4 米、厚度约 8 厘米的圆盘形灯箱，象征玉璧、玉

图3-57　核心景观“天圆地方”电脑设计效果（上）
图3-58　核心景观“天圆地方”手绘设计（下）

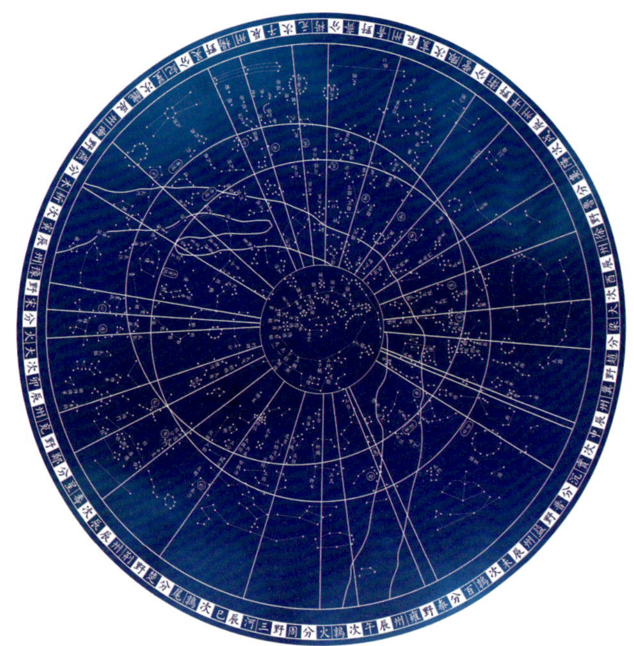

图3-59　南宋《天文图》碑拓片的艺术处理

琮形状，引喻“天圆地方”理念。灯箱表层是取意宋代《天文图》石碑拓片的蔚蓝色星象图，周边装饰两圈蓝色半透明纱幔，象征浩瀚的宇宙和运转的星系。观众欣赏何尊等展品时，仿佛可以仰望浩渺星空，感知文物的宏伟气韵和通达天地的内涵（图 3-57 至图 3-59）。

设计者依托文华殿东侧的平面展柜建造了另一个小景观。在展柜玻璃面上贴一层半透明薄膜，印刷故宫博物院藏“田车”“作原”“吴人”“吾水”“而师”等 10 块先秦石鼓的拓片及释文，利用展柜玻璃内的灯光，把展柜做成长条形灯箱。石鼓文是已知最早的刻石文字，其重要性不言而喻，是“何以中国”必不可缺的展

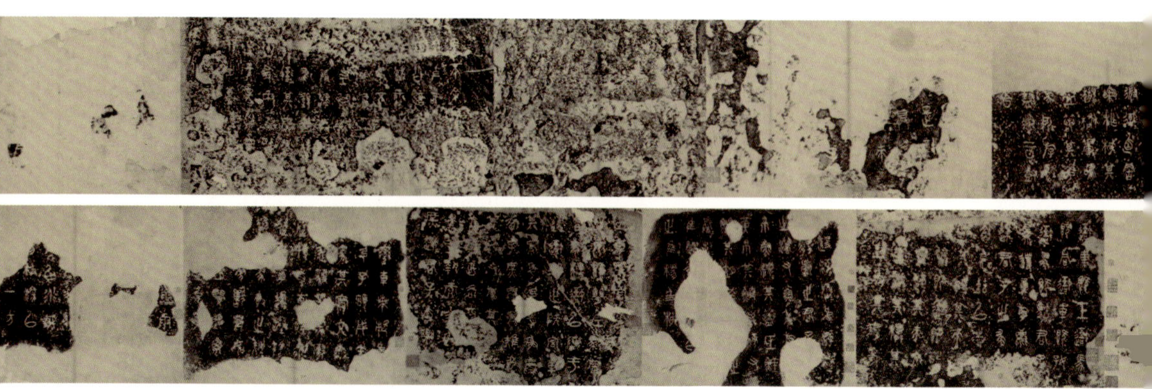

图3-60 石鼓拓片灯箱平面设计

品，但因石鼓形体硕大、重量过吨、表皮酥脆，不能运到展厅中展出，设计者就想出了这个方案，用设计手段将它们呈现在观众面前（图 3-60）。

长信宫灯是“何以中国”展览中特别引人注目的一件文物，陈列在文华殿后厅中央，面朝狭长的工字廊，背靠一堵刷成暗红色展墙。设计者放弃了最初构想的浮雕汉阙方案，将其简化为金色线描的汉阙纹样，同时在展柜上方吊挂用钢骨和纱幔制成的华盖形装置，通电之后发出朦胧红光，吸引观众注目。它一方面表现长信宫灯的尊贵价值，强调展品的重要性和独特美；另一方面引喻中华文明之光生生不息，吻合长信宫灯的灯具属性和古朴气质，再一次升华了对中华文明的礼赞之情（图 3-61 至图 3-63）。

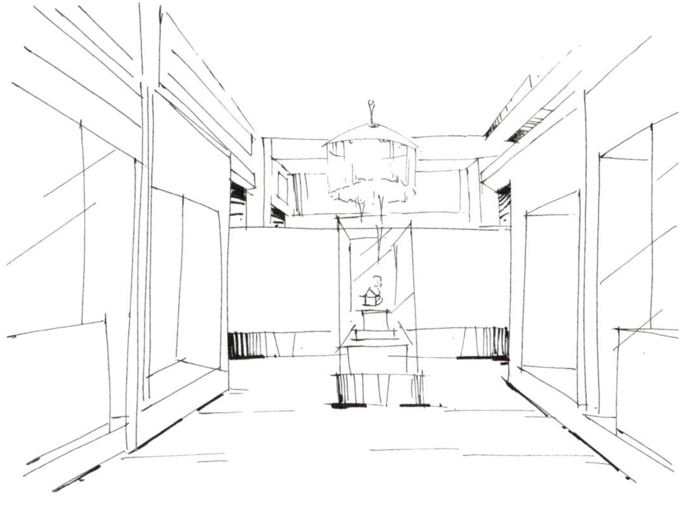

图3-61 长信宫灯景观平面设计采用汉阙线描（上）

图3-62 长信宫灯景观电脑设计效果（中）

图3-63 长信宫灯景观手绘设计（下）

图3-64　文渊阁书架景观电脑设计效果（上）
图3-65　文渊阁书架景观手绘设计（下）

展览第三单元“汇”的第三章“汇流澄鉴”，展示文渊阁及《四库全书》相关文物，讲述先贤对中华文明精华的归纳总结。为了给整个展览画上完美句号，设计者参照文渊阁内遗留的清代木制书架，按照 1:1.6 的比例，在展厅近出口处设计了 3 段并排放置的仿古书架，摆放 40 个《四库全书》书盒复制品于其内，让观众体验文渊阁内景样貌（图 3-64、图 3-65）。与实际内景中书架连为一体情况不同的是，展厅内的 3 段书架之间特意留有 1 米长空隙，悬挂印有多层书架图案的软帘。观众即将离开展厅时，透过书架间隙回望展览，便又一次远远看到何尊、玉龙、玉琮等文物，不禁产生时空穿越的联想，仿佛回望祖先走过的路程，引发无尽的思考。这组仿制书架隐含着文化世代传承和创新，暗喻了中国何以为中国、中华文明何以长久不衰的答案。

八、融物象之辉光：气韵丰富的视觉语言

设计人员在分析“何以中国”展览内容时，决定用色彩隐喻概括深邃的展览思想，依靠色彩凸显文物的内涵气韵，并尝试改善文华殿空间的局促感。色彩要素，除了外在的色调、明度、饱和度，还有内在的情感表现、色彩心理等。

红色既是中华民族的吉祥色彩，也暗含慷慨悲歌精神，如“赤胆忠心”“一片赤诚”“赤心报国”等成语就蕴含了寓意。中国古人很早就中意红色，北京周口店山顶洞遗址中，逝者遗骨周围即有用赤铁矿粉撒成的圆圈。红色象征火焰、生命，

图3-66 展厅里的色彩印象（上）
图3-67 核心景观“天圆地方”背景墙的红橘颜色渐变（下）

有辟邪避凶作用；红色也象征喜庆，与婚姻和生育有关。在心理层面，红色常常给人奔放、大气的感觉。出于上述考虑，设计人员把红色设定为展览主色调（图 3-66、图 3-67）。

展览标题墙、展柜内的背景衬布、展板、海报等视觉识别都以大红色为主基调，让展厅内外充满热烈和温暖氛围。文华殿前厅，何尊、红山玉龙、良渚玉琮组成的主景观背后是一条约 20 米的长墙，用大红色、橘红色、橘黄色的渐变色喷绘，隐喻文明曙光，既烘托了文物的上古气韵，又丰富了展览视觉层次。

图3-68　瑞雪映衬下的展览主色调（上）
图3-69　瑞雪映衬下的展览海报立牌（下）

“何以中国”展览在2022年春节前开幕，跨越北京冬奥会整个赛期，大面积采用红色也非常应景，增添了喜庆吉祥气氛。2022年1月底，北京降下大雪，文华殿院落内外披上了厚厚银装，雪花随风纷纷飘落，漫天飞舞，正殿入口处“何以中国”展览主形象墙和矗立在雪地中的红色海报牌在白茫茫一片天地中特别醒目，宛如点亮的大红灯笼，给这个寒冷季节带来温暖和浪漫（图3-68、图3-69）。

图3-70　单元展板色调（左）
图3-71　章节展板色调（右）

为避免大面积红色造成视觉刺激，设计人员将土黄色用作单元和章节展板的色调，在 100 多米长的展线上形成间隔和节奏（图 3-70、图 3-71）。土黄色与大红色都属于暖色，在色轮中贴近橘色和红色，与红色搭配是和谐、柔顺的。土黄色象征黄河、黄土地、黄皮肤和农耕文明，为五色之“中”，含和合之意，从另一个层面隐喻了中华文明的悠久历史和厚重情怀。

展柜内的展台用灰色衬布包裹，与主展线红色背景衬布搭配。红色背景衬布隐喻紫禁城宫墙，灰色即为红墙下部的墙裙。灰色适度减弱大面积红色的视觉冲击，起到缓解观众眼睛疲劳的作用，也适于衬托多种品类文物，将它们融合统一起来。

（一）装点纹饰图案营造古典氛围

除了用色彩制造隐喻，设计人员还根据展览内容精选出细部图案或纹饰，点缀在展墙、展板、展牌上。这些纹饰或图案，既起到装饰展厅、丰富视觉观感的作用，也是在陈列设计语境下用纹饰做隐喻的探索。

展览第一单元“源”的第一章“天地之间”，讲述特殊的自然环境孕育了中华民族，史前遗迹璀璨耀眼，由漫天星斗、重瓣花朵而交流交融、多元一体，先民以自己的方式理解和解释他们眼中的世界。设计者在此处设计一幅半透明纱幔，印有连续排布的新石器时代马家窑文化彩陶蛙纹，暗示远古文明的若隐若现和原始信仰的神秘面孔（图 3-72）。

图3-72　源自新石器时代马家窑文化彩陶蛙纹的平面设计

图3-73 运用商周青铜器卷龙纹装饰的核心景观背景墙平面设计（组图）

文华殿前厅南侧居中摆放 3 台独立展柜，陈列何尊、玉龙和玉琮，成为展览的突出亮点。玉龙与何尊腹部的龙（蛇）纹图案乃表述龙图腾起源与形变的重要物证。

为衬托展品，设计人员钻研上古纹饰资料，选用商周时期青铜盘心上的卷体龙纹作为这处场景的背景装饰。它以龙首为中心，身躯盘作一团，尺寸虽然较小，寓意和气魄却十分宏大。纹样的矢量图被等比例放大后喷印在 3 件文物背靠的橘黄色长墙中央。设计者另找一件先秦时代青铜器上的鱼龙纹矢量图，取其局部放大后加在卷体龙纹两侧，丰富装饰画面，增强视觉印象。这面长墙不再空旷，红山玉龙、商周卷体龙纹和文华殿内檐龙纹交相呼应，示意龙形演变过程，表现中华文明源远流长，引发观众思索（图 3-73）。

“何以中国”展览的纹饰隐喻实践针对特定展品，有效凸显了展品内涵与意境，对细节内容做了信息延伸，它同色彩隐喻一样，在节约经费、适于展厅的情况下，达到了深度解读抽象概念的目的。

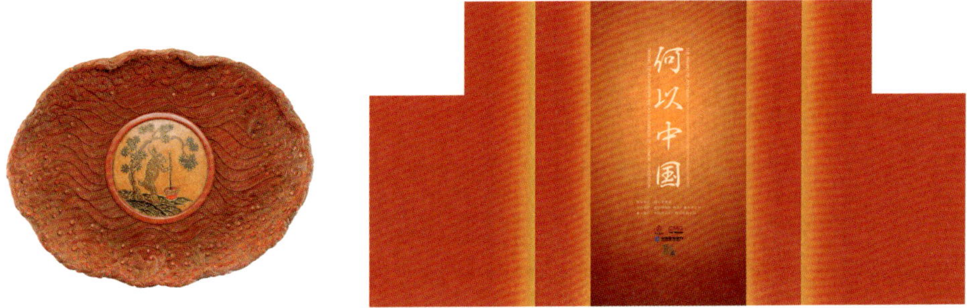

图3-74 源自清乾隆款剔红海水浴月纹盘的标题墙版面设计（组图）

（二）推敲版面设计讲述精彩故事

文华殿正殿入口处的墙面为展览标题墙，设计人员颇费思量，用平面设计手段进行布置。为了与展厅内的主色调呼应，标题墙以红黄渐变作底色，加上“源”“流”“汇”大字暗纹，将展览结构清晰示于观众。主画面下方是线描水波纹饰，出自故宫博物院藏清代漆盘装饰图案，寓意中华文明如滔滔江水奔流不息（图3-74）。“何以中国”展览标题采用颜体行书，用10毫米厚浅黄色磨砂亚克力雕刻而成，大气磅礴而不失清秀婉约。英文正副标题以竖排版放在中文标题两侧。

平面设计工作大量集中到柜内知识展板上。设计者采用与衬布相似的红色为展板底色，让柜内色彩和谐统一。工作人员对每一张图片都精细处理，使之配合文字充分发挥辅助说明作用。

第一单元第三章“启蒙奠基”展出一套故宫博物院藏先秦青铜编钟，为了诉说我国编钟文化及古代音乐成就，设计者将曾侯乙编钟图片放在此处背板上，扩展了相关文物信息。同时减弱曾侯乙编钟图片的色彩饱和度，避免抢夺观众对编钟展品的注意力（图 3–75）。

第二单元第二章“和衷共济”展出一件来自辽宁省博物馆的慕容鲜卑花树状金步摇，高度只有 27.3 厘米。为突出文物价值，设计者在其背后展墙上悬挂了一块 2 米长、1 米宽的大型展板，罗列阿富汗出土金冠、内蒙古达茂旗出土西晋金步摇、辽宁朝阳北燕冯素弗墓出土金步摇、韩国庆州出土新罗金步摇的放大特写图片，辅以装饰感十足的轮廓线和示意线，加强图片视觉冲击力。展板上一排金灿灿的步摇有细节、有特征、有气势，清晰表明它们自西向东的传播过程。这块展板与下方步摇展品构成一个彼此呼应的组合，不仅使得展品备受瞩目，还强调了它所体现的中外文化交流互鉴史（图 3–76）。

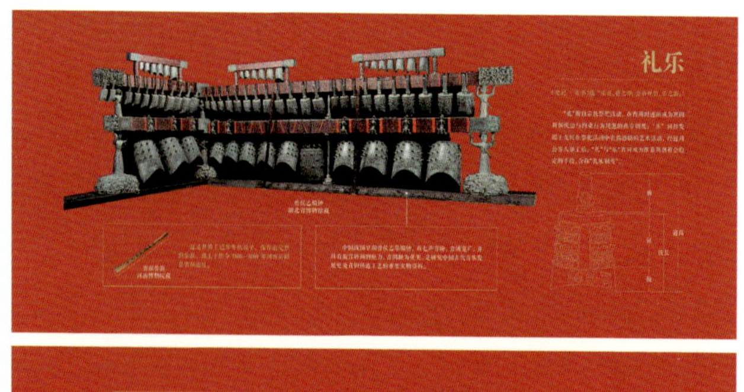

图3-75 曾侯乙编钟展板设计（上）

图3-76 金步摇展板设计（下）

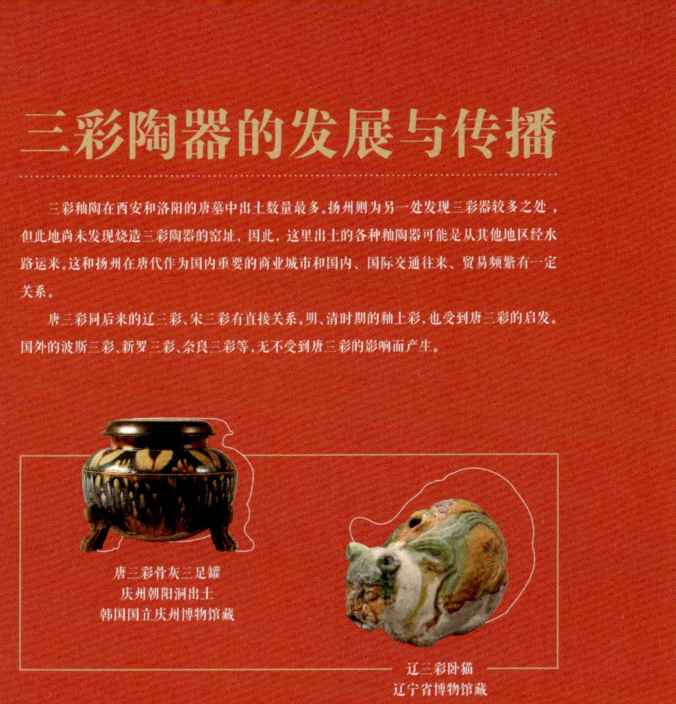

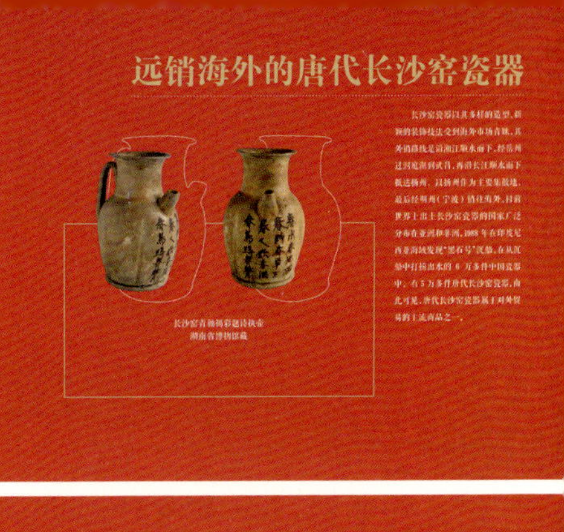

图3-77　部分展板设计（组图）

设计者对其它小型展品如商代甲骨、战国虎符、汉代四神瓦当、“晋归义羌侯”金印、“亲晋胡王”驼钮鎏金铜印、辽代鹿衔草纹鎏金银马饰具、辽金春水秋山玉等也做了类似处理。展板比较密集，但干净、简练的平面设计并未扰乱观众视线，而是丰富了展柜内部空间（图 3-77）。

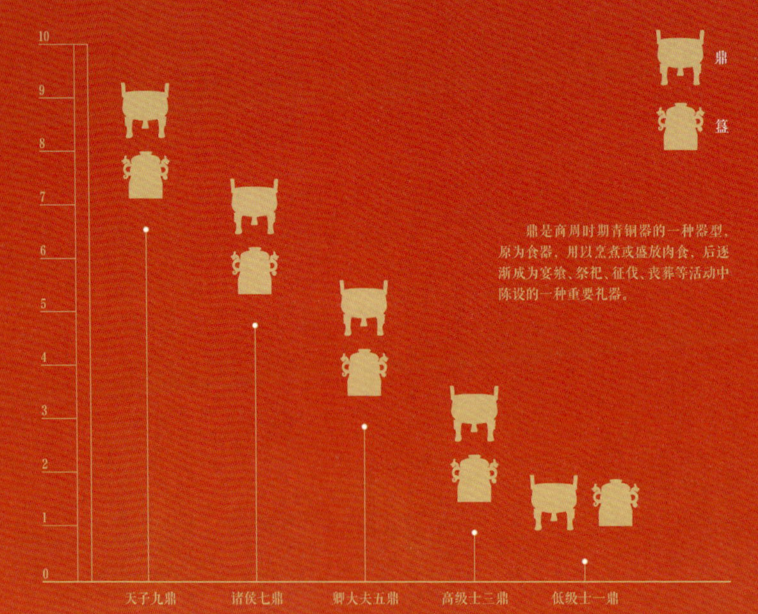

图3-78　宗法制度示意图的符号设计

设计人员还为展览专门创作了符号化图标，简单明了地示意相关知识。例如青铜器型图标，放在解读先秦宗法制度的展板上，阐述不同社会等级所对应的鼎、簋数量，化繁为简，易于认知（图 3-78）。还有明式家具图标，放在第三单元第二章“格物维新”明代王锡爵墓出土榫卯微缩家具模型文物的展板上，配以说明文字，帮助观众辨识每种家具的名称和用途（图 3-79）。再就是把商代虎形玉器纹饰装点于章节展板，对应当时的虎年生肖，烘托春节氛围。设计者将这个虎形纹饰做成文创胸针，延伸了展览符号的传播领域（图 3-80）。

海报设计对于展览宣传而言非常重要，也是平面设计工作中颇具挑战性的任务。海报要有效突出展览标题、时间、地点等重要信息，还需通过画面快速抓住观众眼球。设计者为展览拟定了 3 种海报方案，将所有海报主色调都设定

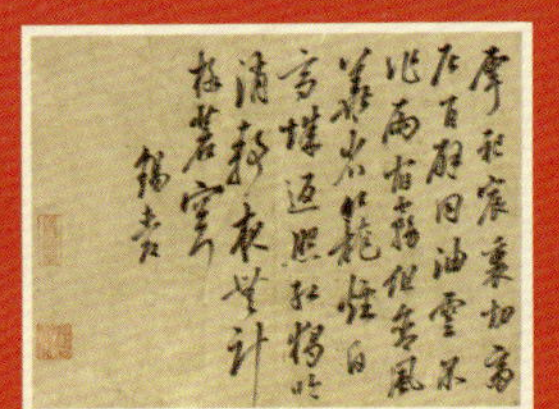

《明贤翰墨册—王锡爵行书诗》
故宫博物院藏

微缩明式家具

王锡爵，字元驭，号荆石，太仓人。嘉靖四十一年（1562年）榜眼（赐进士及第第二名），万历十二年（1584年）升礼部尚书兼文渊阁大学士，二十二年（1594年）加少傅兼太子太保、吏部尚书，进建极殿大学士，万历二十一年（1593年）正月至二十二年五月任内阁首辅。

榫卯是中国古典家具的主要结构，是两个构件上采用凹凸部位相结合的一种连接方式。其中，凸出部分叫榫，凹进部分叫卯。一榫一卯之间，一转一折之际，凝结着中国几千年传统家具文化的智慧，也造就了简约却不简单的明式家具。而这套出自王锡爵夫妇合葬墓的微缩明式家具，即以一定比例缩小的明式家具的明器模型，具有较高的工艺水平，为研究明式家具以及明代文人生活场景，提供了重要的实物参考。

图3-79　明代王锡爵墓出土微缩家具及其展板设计（组图）

图3-80　根据妇好墓虎纹装饰设计的文创胸针

图3-81 “何以中国”展览海报设计（组图）

为红色与黄色渐变，与展览总体风格相一致，区别在于底纹的差异。第一种采用与展览标题墙一样的底纹，即“源”“流”“汇”大字暗纹，强调展览结构和寓意；第二种采用商周青铜器的夔龙纹，彰显古典韵味和图腾内涵；第三种采用交叠书写的商、周、秦、汉、魏、晋、唐、宋、元、明等历代王朝名称暗纹，仿佛这些历史阶段一个个穿越时空扑面而来，体现了展览画卷中绵延悠长的历史脉络（图3-81）。

（三）定制专业展具确保文物安全

本次展览的展品门类众多、价值珍贵，来自不同区域，很多文物既古老又脆弱。这让设计者加倍小心，认真研究每一件展品的属性和特点，为其量身定制固定支架，谋划详细具体的布展方案，在确保安全的同时充分展现文物魅力。

展览开展时间在一月份，正是华北地区年平均气温最低的时段。故宫古建筑展厅由于自身结构特点导致空间密闭性难达理想状态。所以，故宫博物院很少在酷热潮湿的夏季和严寒干冷的冬季展出珍贵的纸制品、丝织品、漆木器等脆弱有机文物，必要情况下以复制品替代。

本次展览中，与内容叙事相对应的展子虔《游春图》卷、阎立本《步辇图》卷、南宋缂丝《梅花寒鹊图》轴、倪瓒《狮子林图》卷等绘画、织绣类文物都以同等尺寸的高清复制品形式呈现。虽然是复制品，也蕴含着文博人的技术、汗水和心血。设计者为长卷制作了斜角 30 度的坡台，将画卷展开后用亚克力条压紧边缘，再用亚克力镇纸夹紧轴头，确保长卷不会从斜坡滑落下来。

来自敦煌研究院的《鹿王本生故事图》和西安碑林博物馆的《颜氏家庙碑》拓片以非真实尺寸复制品展出，布展前尚未装裱。设计者用胡桃色木框将它们牢牢固定在展墙上，木框起到出色的美化作用，丰富了展墙空间层次（图 3-82）。

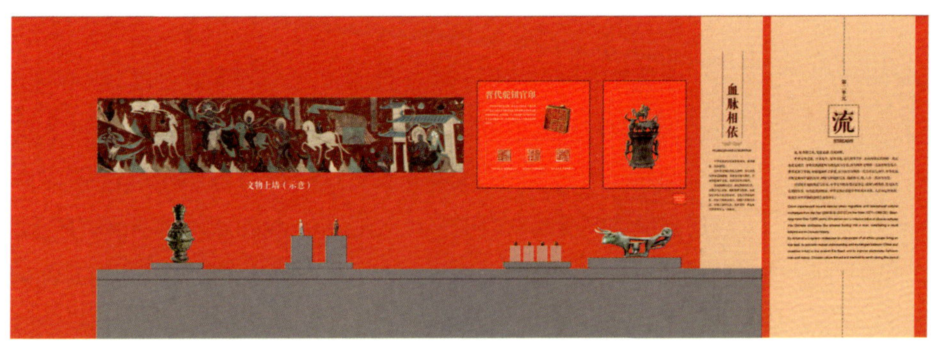

图3-82 《鹿王本生故事图》摹本的固定

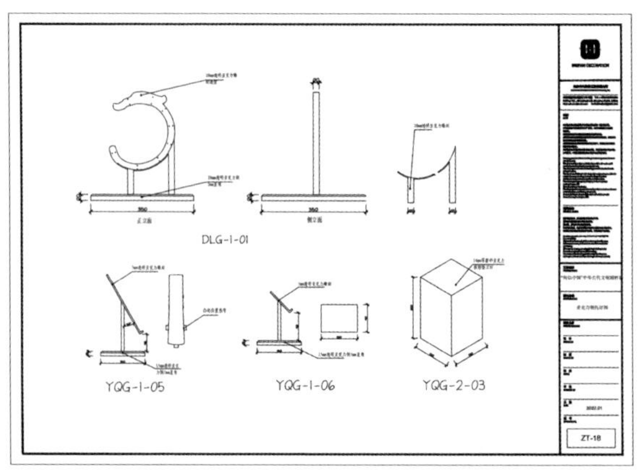

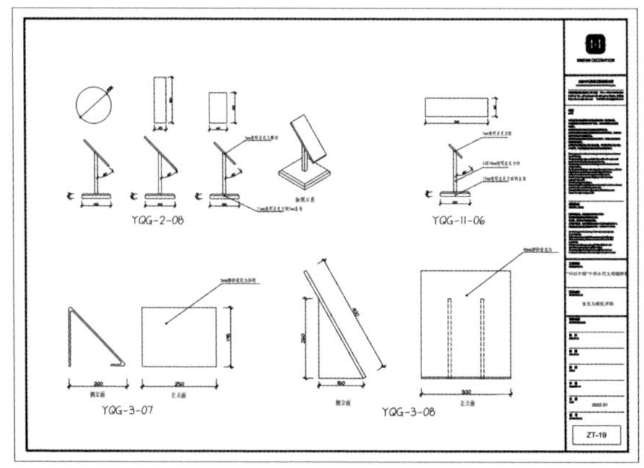

图3-83　展品固定支架设计（组图）

设计者谨慎对待每一件文物展品，认真测量尺寸，考虑特殊形状器物的固定办法。针对瘦高型或头重脚轻的文物，制作了金属或亚克力支柱，固定到展台上面后，用细鱼线把文物和支柱连在一起，防止文物因震动倾倒（图3-83）。甘肃省博物馆藏新石器时代人头形器口彩陶瓶、故宫博物院藏北魏陶俑、青釉仰覆莲花尊、白釉双龙柄弦纹盘口瓶、福建博物院藏波斯孔雀蓝釉陶瓶等都以此种方法固定。

对于形状特殊的文物，设计者制作了随形展具。比如三星堆遗址出土的青铜太阳形器，插在与文物半径相差无几的亚克力制作半圆形凹槽内。红山文化C形玉龙、良渚文化玉璧、白玉透雕龙凤纹玉璧、鄂君启金节、佛杵柄绒鞘丹书克剑等文物也都使用了随形制作的展具。

还有一些文物，尺寸较小却蕴含重要信息。设计者为它们配备了可自由调节角度和高度的放大镜，以便观众清楚看到文物细节。如晋归义羌侯金印，放大后可看清精致优美的印文。鄂君启金节上的错金文字，放大后显得更加俊秀、灵动。设计者制作展具时坚持“以人为本”，站在观展者角度思考文物陈列方法，在确保文物安全前提下，尽最大可能将文物的重要信息和精彩部位呈现于观众眼前。

時代荅卷

The Answer of
an Era

观展

万流朝宗道炎黄

一、星旂纷电举：不同主体对“何以中国”展览的传播

（一）花径不曾缘客扫，蓬门今始为君开

2022年1月25日，“何以中国”展览开幕，故宫博物院利用微博、微信账号及学习强国号进行全面宣传。开幕前一日，故宫官方微博发布展览预告，发布布展工作照片，引发观众期待。到5月4日闭幕时，故宫官方微博“何以中国展”话题共发布8条信息，分别对第一单元、第二单元、第三单元，以及浅绿玻璃肋纹钵、玉器、高足碗等展品进行解读。还发布了“线上专题展览”“漫步全景展厅”“故宫邀你云看展系列视频”“故宫展览App”等云看展资源。故宫官方微信公众号“微故宫”发布文章《故宫开年大展，文华殿里遍览中华文明！》，单篇阅读量超过13万。学习强国号发布4篇展览推介文章。

故宫博物院摄制了一部时长1分30秒的短视频，对“何以中国”展览内容与呈现效果进行简洁、概括的介绍。短片镜头第一帧聚焦在文华殿蓝底金字匾额，漫天白雪伴随着庄重的编钟配乐飘零而落，在“何以中国”几个标题大字前形成一道朦胧帘幕。镜头切换到展厅之内，暖红色调与户外冰天雪地形成反差，给人喜庆、火热的感觉。镜头缓缓移动，三星堆太阳形器、神树铜立鸟、玉璧、玉琮等文物细节逐一展现。工字廊深处，长信宫灯被火红色的华盖笼罩，镜头由远及近拉伸，手持宫灯的仕女将深藏千载之久的大汉余韵倾情抒发，璀璨的鎏金之色映衬在枣红色背景上，端庄的古典气质直击观者心灵，慨叹中华文明之光普照大地，万代相承，恒久不衰。在镜头的稳步摇移中，片片甲骨、琅琅吉金、牛虎铜案、游春图卷……编织出古朴、优雅、历久弥新的完美画面。短片结尾，镜头定格在何尊、玉龙、玉琮构成的核心景观，呼应“何以中国”的

图4-1 “何以中国”网页截图（一）（上）
图4-2 “何以中国”网页截图（二）（下）

历史之问。仰观苍穹宇宙，立足中华大地，每一位观众，无论是否亲临展览现场，看完短片想必也会在内心深处构建出自己的时代答卷。

故宫“线上专题展览”将“何以中国”展览前言、单元、章节（版块）、结语文字，以及展品图片、详细介绍等予以呈现，便于观众理解展览内容，学习相关知识（图4-1、图4-2）。开通“漫步全景展厅”虚拟观展程序，利用全景图像的真实场景虚拟现实技术，对文华殿展厅环720° 拍摄采集，采用专业的色彩管理标准及

图4-3 “何以中国”线上展览

技术进行拼接制作，最大限度还原场景的空间结构、光影效果、色彩细节和作品层次。全景页面包括导览地图、交互热点、虚拟现实、自动旋转浏览等功能，通过为展品设置热点并嵌入高清图片，为展览增加补充视频资源，帮助观众多维度了解展览背后的故事。全景展厅可移植到PC网页端、手机端等平台，最大限度地为无法前来观展的公众提供实景观赏体验（图4-3）。

新冠疫情期间，基于网络的“云看展”解决了很多观众难以亲临现场的问题。故宫博物院官方微博推出“故宫邀你云看展”之“何以中国”5期系列讲座，请专家学者在展厅内深度讲解，扩大了展览传播范围，同时从专业角度对展览内容做了介绍和解析。讲座中提到，“何以中国”这样一个追问式的命题，会让每一位观众好奇地找寻它的答案。基于展出的文物，“何以中国”讲述的其实是中国的由来，具体而言就是中华民族的起源、形成和发展，这个问题也是中国考古学界孜孜以求的学术目标和崇高的历史使命。丰硕的考古成果揭示，中华文明的特质就是多元一体、连绵不断、兼收并蓄。

微信文章《故宫开年大展，文华殿里遍览中华文明！》言简意赅地概述每一单元内容精髓，还专门提醒观众“文华殿北侧的文渊阁，也将作为此次展览最后一件‘展品’，与文华殿展厅结尾处的《四库全书》（影印本）遥相呼应”。关于展览的合作模式，文章提及“本次展览源起于《国家宝藏》节目中举办特展的创意和努力。中央广播电视总台作为展览的主办单位之一给予了大力的支持和助力。以《国家宝藏》为代表的总台原创文化内容，引领当下的人们对优秀传统文化继承与弘扬的示范作用，多元形式助力文艺创新焕发文博新生，让国宝‘活起来’的方式更科技、更多元、更现代”。

（二）高韵更相应，宁同歌吹欢

国家文物局、中央广播电视总台高度重视“何以中国”展览的传播工作，统筹谋划，高位推进，持久不息，经历了前期、开幕、后续、延伸四个阶段。

1．前期：《国家宝藏·展演季》

“何以中国”展览的动议，来自中央广播电视总台《国家宝藏》节目的理想。《国家宝藏》第一季结束后，即于 2018 年 2 月在故宫箭亭广场举办过一个数字特展（9 件文物数字影像）。

2021 年，《国家宝藏》节目推出《展演季》，从前三季 81 件文物的前世今生中汲取灵感，用歌舞戏乐诗词曲赋等艺术形式演绎国宝故事，并与参演博物馆谋划举办特展，请国家文物局指导。从 10 月 23 日起，《展演季》各期节目均为特展进行宣传，逐渐扬起声势，引发各界关注和期待。首播当日，央视《新闻联播》预告节目播出信息，多个话题登上微博热搜榜，阅读量累计高达 4 亿，触达舆论沸点。

12 月 25 日，《国家宝藏·展演季》国宝盛典暨“何以中国”文物特展启动仪式在央视综艺频道（CCTV-3）播出。30 位博物馆馆长首度齐聚一堂，共同讲述即将在特展中亮相的国宝故事，并从 30 处重要遗迹中集土，汇聚成“何以中国”文明宝盒。节目播出期间，190 余家中央级媒体、800 余家省市级媒体持续报道，主流媒体发稿 1.75 万篇，全网相关信息达 439 万条，微博相关话题阅读量近 82 亿，视频播放量超 9300 万次，各平台评分（曾达 9.9 分）遥遥领先。

以央视 10 集知名热播节目，为一个展览进行预热宣传，前所未有。网友大呼：“通过节目的精彩呈现，让我觉得这次特展不是看不看的问题，而是去看几次的问题。”

2.开幕：全媒体、全方位

2022 年 1 月 19 日，“何以中国”展览策展组专门召开展览宣传工作会议，国家文物局博物馆司领导细致部署展览开幕当天、近期、后续及延伸宣传工作，争取形成即时热点、持续热度、长期热议、持久热情，指出这不仅一个文物特展，更是博物馆展览理念的一次有益探索和创新，希望用这一展览带动全国博物馆加强研究策划，不断提升陈列展览和文明传承工作水平。特别强调新闻报道要突出“何以中国”的展览叙事，阐释解读文物展品要在中华文明进程和展览结构框架中展开，避免过分突出文物个体，给人以“聚宝”之嫌。

1 月 25 日开幕当天，人民日报、新华社、中央广播电视总台、光明日报、中国日报、中国文化报、中国文物报等 33 家媒体到现场采访，共计发布原创报道 52 篇，全网相关内容 1592 篇。中央电视台、北京电视台、北京日报等媒体对展览及其策展组、设计师进行深度采访，央视“新闻直播间”“新闻 30 分”“晚间新闻”、北京卫视“特别关注”等栏目多篇次播发报道，还有众多媒体在头版、要闻版、专刊发布相关报道。

“何以中国”展览在铺天盖地的宣传下为广大公众知晓，成为 2022 年开年万众瞩目的大展。

3.后续：访谈、直播等（话题）

“何以中国”展览一经推出，即受到广泛关注，故宫博物院一时间“一票难求”，文华殿内外排起长队。适逢壬寅年春节、北京冬奥会等重大时间节点，策展组持续开展宣传活动。

为扩大传播范围，提升传播效果，进一步讲清楚展览的核心理念，引导观众和社会各界更好认识源远流长、博大精深的中华文明，在新冠疫情不断袭扰的情况下，策展组克服重重困难，与央视多个频道、北京电视台、相关网络平台等合作举办活动、制作节目、开展直播。

3 月 21 日，央视综艺频道（CCTV-3）《文化十分》节目以“十分探展 ‘何以中国’文物特展持续火爆 百余件国宝珍品讲述中国故事”为题，称从“何尊”开始，展览中这 130 余件 / 组文物，如同电影里的 130 多名演员，共同演绎了这部关于“华夏大地何以中国，中华民族何以伟大，中华文明何以源远流长”的史诗；并采访国家文物局、央视《国家宝藏》节目组、故宫博物院工作人员（图 4-4）。

图4-4 央视综艺频道（CCTV-3）《文化十分》节目（组图）

图4-5 央视新闻“何以中国”文物特展特别直播（组图）

4月18日（星期一）上午，央视新闻开启“何以中国”文物特展特别直播，由著名主持人康辉、《国家宝藏》节目总导演于蕾，与“何以中国”展览主创人员和故宫文物、古建、园林专家，带领观众“云看展”，一起找寻“何以中国”的答案（图4-5）。长达四个小时的直播，在央视新闻各平台实时总观看量超1045.6万，触达量超8200万，微博直播话题#近30家博物馆国宝团建##春日故宫有多美#均登上微博热搜榜。

4月30日，北京卫视播出《春妮的周末时光》节目，主持人春妮与“何以中国”展览主创人员、北京冬奥运火炬设计师、中国艺术研究院教授等进行访谈，通过“何以‘中国’？”“以物记事、以事叙史、以史启思”“经史子集，汇流澄鉴”“泱泱中华，万古江河”等章节，解读“最中国”的文物背后浩瀚绵延的中国故事（图4-6）。

图4-6　北京卫视《春妮的周末时光》节目（组图）

4.延伸：“何以”“中国”“何以中国”

因有观众的抬爱包容和社会各界的关心支持，“何以中国”展览热度并未随着展期截止而结束，相继入围 2022 年度“弘扬中华优秀传统文化、培育社会主义核心价值观”主题展览推介重点项目、“2022 年文博行业十大热点事件”“2022 年十大文化事件”等，也在中国博物馆界掀起一轮关于展览叙事的研究和思考，并成为高校博物馆学教学与科研的关注热点。

借助于新闻媒体的厚爱，也得益于新闻工作与文物工作的“双向奔赴”，特别是新闻记者的文化自觉，“何以”“中国”“何以中国”被广泛引用和传播，成为时代名词。中华优秀传统文化在强国建设、民族复兴的新征程上焕发巨大生机、提供磅礴动力。

图4-7 《习近平的文化情缘》第一集《何以中国》

国家文物局与中央广播电视总台联合摄制 10 集系列时政微纪录片《习近平的文化情缘》（图 4-7），第一集名为《何以中国》，网络总触达量超 66 亿次。

人民日报、新华社、光明日报等媒体记者以“何以中国”为题，报道习近平总书记关心文物和文化遗产保护的故事（图 4-8）。

【文明之美看东方】习言道｜何以中国

发布时间：2022年07月22日 09:48　来源：中国新闻网

走过五千年文明历程，中国何以成为今天的中国？探文明之源，寻民族之根，一直以来，习近平总书记高度重视文物和文化遗产保护工作，曾在不同场合多次对文物和文化遗产保护工作作出重要指示，跟总书记一起探源寻根，找寻中国人的文化基因。

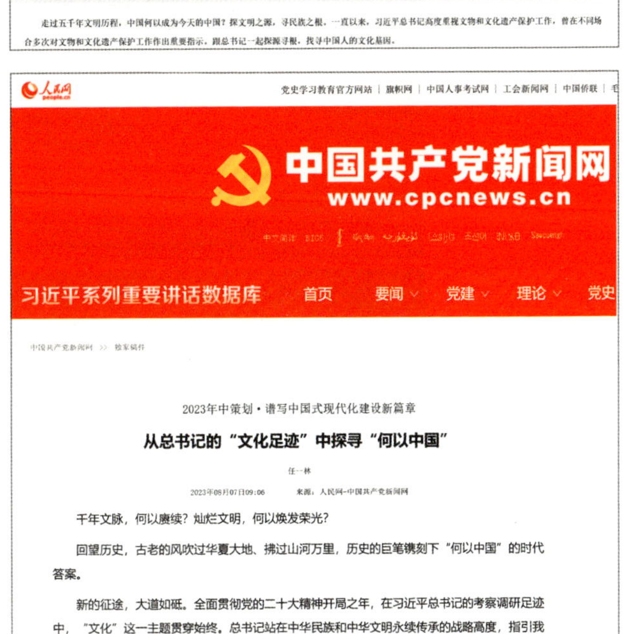

中国共产党新闻网
www.cpcnews.cn

习近平系列重要讲话数据库　首页　要闻　党建　理论　党史

中国共产党新闻网 >> 独家稿件

2023年中策划·谱写中国式现代化建设新篇章

从总书记的“文化足迹”中探寻“何以中国”

任一林

2023年08月07日09:06　来源：人民网-中国共产党新闻网

千年文脉，何以赓续？灿烂文明，何以焕发荣光？

回望历史，古老的风吹过华夏大地、拂过山河万里，历史的巨笔镌刻下“何以中国”的时代答案。

新的征途，大道如砥。全面贯彻党的二十大精神开局之年，在习近平总书记的考察调研足迹中，“文化”这一主题贯穿始终。总书记站在中华民族和中华文明永续传承的战略高度，指引我们从传承与发展中汲取文化自信的力量。

新华网 > 时政 > 正文

2023
07/30
19:43:11
来源：新华网

记者手记：从总书记四川之行读懂“何以中国”

新华社成都7月30日电 题：记者手记：从总书记四川之行读懂“何以中国”

新华社记者朱基钗、施雨岑

一只从历史深处飞来的“太阳神鸟”，点燃了成都的盛夏之夜。古老的锦官城，与一场青春的盛会热情相拥。

7月28日晚，成都大运会隆重开幕，习近平总书记亲临现场，见证“成都成就梦想”的高光时刻。

出土于金沙遗址的“太阳神鸟”意象，融入整场开幕式，惊艳世人：穿越三千年时空，“神鸟”翩然而至、灵动旋转，十二道金芒闪耀，礼花绽放夜空，圣火熊熊燃烧……成都，以巴蜀文化特有的语言，抒发着向光明、向未来的美好祝愿。

在中国西部首次举办的世界性综合运动会上，人们又打开了一扇读懂“何以中国”的窗口。

图4-8　不同媒体以“何以中国”为题的报道（组图）

图4-9 “盛世中华 何以中国”主题活动海报

国家文物局会同中央网信办、人民日报社等单位举办“盛世中华 何以中国”“何以中国 向海泉州”网上主题宣传活动，网络总触达量超67亿次。“盛世中华 何以中国”活动从古都西安出发，乘中华盛世启航，包括“一把手铲穿古今”“一片甲骨惊天下”“我心归处是中华”等环节，以文物、遗产、文字为魂，用技术、平台、应用赋能，赓续历史文脉，谱写当代华章（图4-9）。“何

图4-10 “何以中国 向海泉州”主题活动海报

以中国 向海泉州”活动围绕“耕海千帆竞”“刺桐万国商”“古厝吐新生”“爱拼才会赢”4个篇章开展主题讲述（图4-10）。

国家文物局、上海市委宣传部联合指导上海广播电视台摄制纪录片《何以中国》，系统追溯中华文明的根基、发源、形成与早期发展，分为《秦汉》《摇篮》《星斗》《古国》《择中》《殷商》《家国》《天下》8集，从迈向一体化的秦汉王朝讲起，进而溯源至旧、新石器时代之交，见证中华大地的先民走向农业定居，组成家庭和社会，建立早期信仰与文化审美，开始五湖四海间的交流，形成区域古国和早期文明，开启夏商周的王朝时代，直至秦汉建立统一多民族国家的伟大历程，交出了一份宏大、深邃又生动的时代文化答卷。从2023年12月9日开播（每周一集），

图4-11 《何以中国》纪录片

至2024年2月底，大屏收看超7亿人次，首播收视率连续8周位列周五时段纪录片首位，全网传播量突破48亿次。同时高居爱奇艺、优酷、腾讯视频三家核心互联网站纪录片热播榜榜首、热搜榜榜首，位列2023年度全网纪录片融合传播指数第1名（图4-11）。

2023年，央视《国家宝藏》剧组开始筹备第四季节目，国家文物局指出，“何以中国”展览是《国家宝藏》以往节目的“总集成”，也应该成为今后节目创作的“总导引”。“何以中国”展览所凝练出的“三个讲清楚”中华文明传播理念和叙事体系，已然植根生花。

二、百舸竞争流：社会各界对“何以中国”展览的反馈

一个展览的真正成功，取决于广大观众的认可。“何以中国”策展团队始终心存敬畏，克服千重困难，调动万般思绪，唯望最终呈现的展览能够为人民群众所喜爱。

好在，“何以中国”展览有效规避了“献宝展”的窠臼，通过清晰脉络，书写漫长历史，展现民族精神，让观众不仅赞叹于华夏文明的璀璨，也能感受到展览蕴含的宏伟气韵。

随着展览知名度不断扩大，慕名而来的观众越来越多。故宫博物院克服新冠疫情不利影响，采取预约、限流等多项措施，持续优化文华殿参观秩序。刚开幕不久的天寒地冻，也阻挡不住观众的炽烈热情，甘愿冒着寒冷耐心等候，只为一睹众多国宝的芳容，感受中华文明的魅力（图4-12）。为了充分发挥博物馆展览教育职能，故宫博物院安排专业讲解员和志愿者定时免费讲解，策划开发自动语音导览系统，

图4-12　观展瞬间

还组织策划了一系列教育活动，推出“何以中国”同名课程，通过主题导览课、结合任务单，带领学生深入了解中华文明起源、发展与成就，建立历史知识体系，提升人文素养，增强对中华文明的认同感和自豪感。

无论是现场驻足的观众，还是在线上观展的网民，纷纷对“何以中国”展览给予好评。热心的观众在故宫微博评论区等留言，有人说：“文物古迹是历史的见证，是人类技术和文化的结晶，是人类创造活动的实物遗存，是珍贵的研究材料。对文物古迹的保护也是对优秀传统文化的传承。”有人感慨：“四月中旬的一个周末，终于看上了从冬天就惦记的‘何以中国’特展。看展的人和故宫文华殿前的海棠花开一样热闹。……跟随小朋友的观展步伐，虽有些走马观花，没有一一欣赏到，但策展思路清晰，一下子都能 get 到华夏大地何以中国。心满意足了。”有人认为：“遣词用字很考究的文案，用了大量工整的排比句式甚至还有四、六句，建议中学生朋友们认真摘录用在作文里悄悄惊艳所有人！”有人赞扬：“何以中国？每个人都有自己的答案。在我心中，很长时间，故宫就是那个古代中国的缩影，所以我走进故宫，就像是找到与其共振的地方，在这里我可以安放一些痴迷，一些景仰和一些想象。”还有人总结：“本次展览不仅仅是全国优秀文物的集合，更是一次有情节、有韵脚的文化协奏，每一件文物都以自己独特的方式诉说中华文明的故事，最终完成这场区宇万年的壮丽和鸣。”

在这个数字化时代，许多观众不仅参观展览，还以微博、微信、视频号等形式在网络上分享自己的感受。

自展览开幕以来，每天的 3000 张门票几乎都被“秒定”，络绎不绝的观众与国宝一起踏过岁末的瑞雪，迎来盛开的海棠，沐浴在这场文化盛宴之中。

伴随着展览的破圈传播，“何以中国”甚至成为了很多高考博主的押题重点（图 4-13）。对“何以中国”展览文案的模仿，也成为学校内作文比赛的获奖篇目，还一度被传为 2022 年高考作文范文（《何以中国　惠此中国》）。

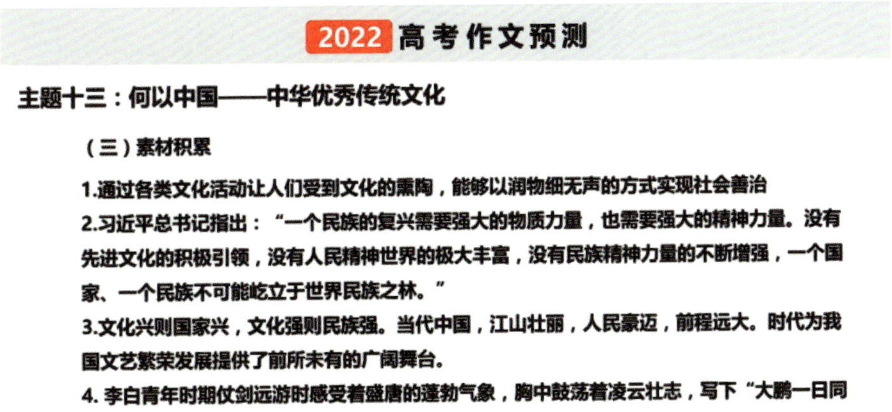

2022 高考作文预测

主题十三：何以中国——中华优秀传统文化

（三）素材积累

1.通过各类文化活动让人们受到文化的熏陶，能够以润物细无声的方式实现社会善治

2.习近平总书记指出："一个民族的复兴需要强大的物质力量，也需要强大的精神力量。没有先进文化的积极引领，没有人民精神世界的极大丰富，没有民族精神力量的不断增强，一个国家、一个民族不可能屹立于世界民族之林。"

3.文化兴则国家兴，文化强则民族强。当代中国，江山壮丽，人民豪迈，前程远大。时代为我国文艺繁荣发展提供了前所未有的广阔舞台。

4. 李白青年时期仗剑远游时感受着盛唐的蓬勃气象，胸中鼓荡着凌云壮志，写下"大鹏一日同

图4-13　2022高考作文预测主题"何以中国"

《何以中国　惠此中国》（节选）

源，水之本也。中华文明源远流长，为华夏大地提供了取之不尽、用之不竭的文化滋养。在故宫仓库里，郭浩查考文物、对照古籍，试图创造一套中国式色彩体系。"潦水尽而寒潭清，烟光凝而暮山紫"，他从《滕王阁序》中移用了"暮山紫"；"嘉陵江色何所似，石黛碧玉相因依"，他从《阆水歌》中移用了"碧玉石"；"相与枕藉乎舟中，不知东方之既白"，他从《赤壁赋》中移用了"东方既白"。玄、纁、海天霞、洛神朱、如梦令……这些取自诗词文章、器物绘画的传统色，如同快捷键一般，能立即唤醒我们的记忆和想象，这是中国人才有的共识和共情，是中国人才懂得取用的神奇之源。

（转引自 https://www.haoword.com/gerenwendang/zuowen/1905816.htm。）

時代答卷
The Answer of
an Era

研展
对中国博物馆展览高质量发展的思考

一、展览的真谛——博物馆的初心

博物馆和大学、医院一样，是人类走向文明进步的伟大发明。

博物馆应坚持满足人民文化需要与增强人民精神力量相统一，提升公众思想道德素质、科学文化素质、身心健康素质（“两结合”“三素质”），促进人的全面发展，进而潜移默化地推动社会进步。

博物馆应坚持以“人”为本、以有助于人的愉悦、教益和发展为主要任务，承担文化传承和社会教育功能。

博物馆的展览，要让观众看进去、看明白、看出情感、看出认同。

博物馆举办展览，要给人以启迪，激发当代文化的创新创造。对历史的最好纪念，就是创造新的历史。对文物最好的保护，就是使其价值永续传承。

“博物馆不仅是旧遗产的投影机，还应成为新文化的发生器。”

二、研究的支撑——以知识为导向

知识传播，是博物馆实现其社会职能的基本手段，也是当前博物馆展览中较大的“短板”。

博物馆应加强与高等学校、科研院所、社会机构合作，开展广泛深入的研究，吸收考古学、历史学、社会学、自然科学等最新成果，并努力达成相关知识的串联与解读。

笔者指导《中国国宝大会》第一季节目（2021 年）制作时，曾提出博物馆知识传播的三个关键词。一是“中华文明”，要讲清楚多元一体、连绵不绝、兼容并蓄的中华文明总体特征。二是“公众认知”，知识传播的基本路径是：从（公众）已知（的知识）到未知，从未知到新知，从新知到新解，从新解到新意，再到网状知识链接。三是“时代语言”，就是说老百姓的话，讲老百姓的故事，让老百姓听得懂、记得住、有思考。

近年来，笔者曾深度参与几个展览，在知识传播方面也进行了探索。

1. 根・魂——中华文明物语

“根・魂——中华文明物语”展亮相 2019 年国际博物馆日，用 30 件文物勾勒中华文明波澜壮阔的发展历程，将每一件文物还原于时空坐标中，多维度解读材质造型、技术工艺、艺术审美、功用精神，全方位展示文物蕴含的时代风貌、社会生活、文化传统、交流合作，如驿使图画像砖从酒泉与丝绸之路谈起，拓展到中国历代通信方式与保密措施、以及古代交通工具的演变发展，一直讲到当代的微信和高铁，观众留言“管窥辽阔星空里的璀璨星光，以及浸入骨髓未曾嬗变过的中华气质”（图 5-1 至图 5-3）。

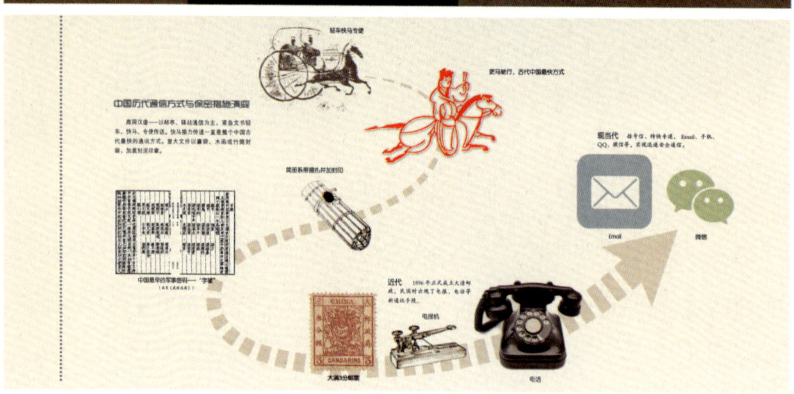

图5-1　“根 · 魂——中华文明物语”展览实景（一）（上）
图5-2　“根 · 魂——中华文明物语”展览实景（二）（中）
图5-3　“根 · 魂——中华文明物语”驿使图展项（下）

2. 山高水长——唐宋八大家

“山高水长——唐宋八大家”展是2020年国家文物局首次召开“弘扬中华优秀传统文化 培育社会主义核心价值观”主题展览座谈会的开幕展览。以文以载道、格物致知、家国情怀三部分（展览单元为“文垂千载”“德行笃定”“家国情怀”），讲述八位大师的文学成就（扩展至先秦至唐宋文学历程）、唐宋社会的丰厚文壤（滋养人文精神）、中国古代知识分子的理想追求（图5-4、图5-5）。观众感慨“我们在中小学课本上读到他们时，知道他们是散文家；等长大了再看他们时，才明白他们都是政治家”。

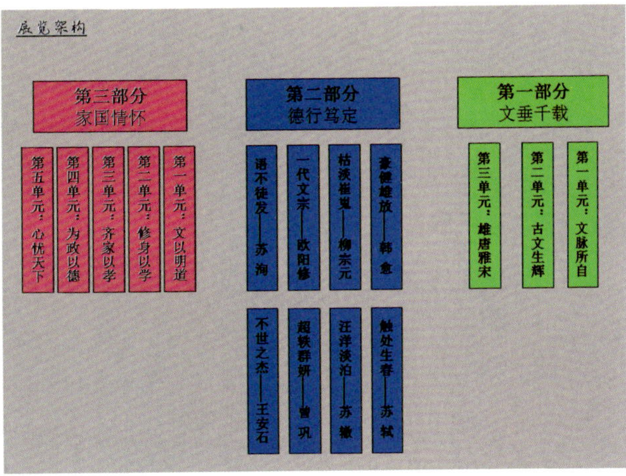

图5-4　“山高水长——唐宋八大家”展览海报（左）

图5-5　“山高水长——唐宋八大家”展览结构（右）

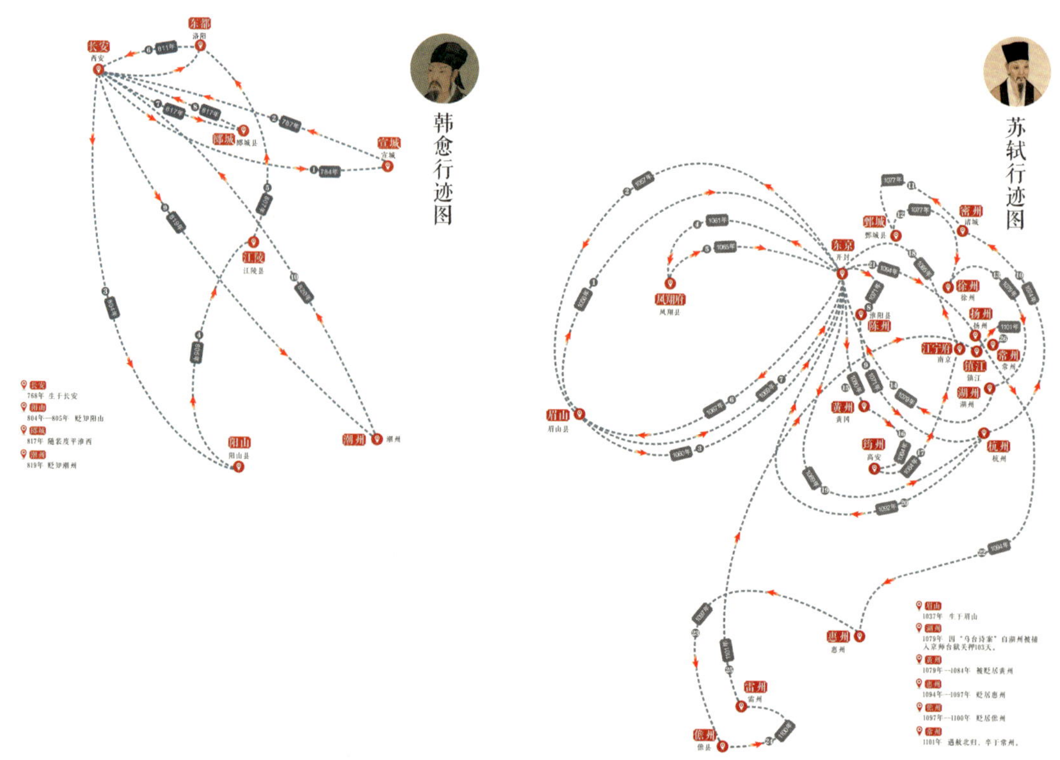

图5-6 “山高水长——唐宋八大家”韩愈行迹图（左）
图5-7 “山高水长——唐宋八大家”苏轼行迹图（右）

策展人对每一位大师都进行了认真研究，将其生平、仕历、文脉等绘成行迹图，形成知识图谱，也可作主题游径（图5-6、图5-7）。

3. 万年永宝——中国馆藏文物保护成果展

“万年永宝——中国馆藏文物保护成果展”服务2021年全球文物保护盛会，分为“万年”“慧眼”“巧手”“芳华”“永宝”五章，全面展现馆藏文物保护的中国理念和中国方案（图5-8至图5-10）。

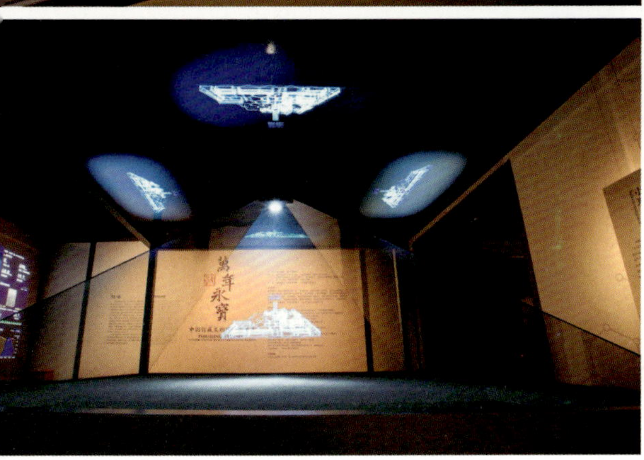

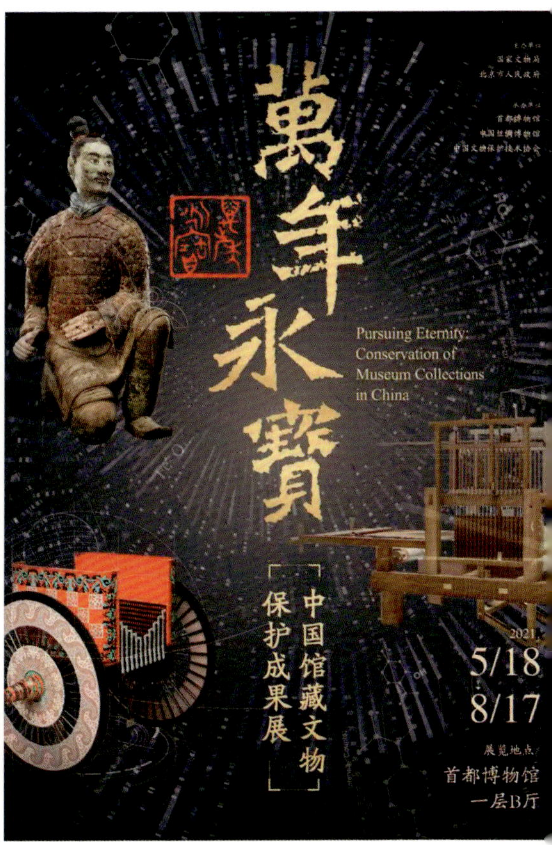

图5-8 “万年永宝——中国馆藏文物保护成果展”实景（一）（左上）
图5-9 “万年永宝——中国馆藏文物保护成果展”实景（二）（左下）
图5-10 “万年永宝——中国馆藏文物保护成果展”海报（右）

“万年”系统梳理从传统到科学、从零散到规模、从合作到共赢的馆藏文物保护发展历程，将在冶炼炉前抢救回的西周青铜器铭文作为展览标题；

“慧眼”以微观、透视、明鉴、识痕、时空为轴，详细展现以形貌、结构、成分科技检测索解文物奥义、还原历史原貌，如科学分析一件乾隆龙袍的颜色色谱，并结合文献逆向找到自然界中的染色植物；

“巧手”重点介绍古代良工“天时、地气、材美、工巧”的造物思想与现代文物良医“化腐朽为神奇”的高超技艺，秦始皇陵兵马俑彩绘加固保存技术尤为引人瞩目；

“芳华”着力表现“知其所以然”的科学复原，如依据汉代织机模型复原精密织机，再以传统多综提花工艺复制“五星出东方利中国”汉锦；

“永宝”特别展示基于预防性保护的文物保存环境监测与调控体系，传达未雨绸缪的智慧保护理念。

观众称之为“有温度的文物研究、了不起的文保科技、有灵魂的工艺复原”。

4. 冰雪·双城·盛会——从1202到2022

“冰雪·双城·盛会——从 1202 到 2022”展地毗邻河北崇礼冬奥运村，以超时空对话的形式，系统展示太子城（金代行宫）建造、800 年前社会生活、各民族融合发展、中外文明交流互鉴历史传统与当代风貌，讲述北京和崇礼“双城”故事，传播中华文明，助力冬奥盛会，服务国家大局（图 5-11）。观众称：“800 年前，北京是金朝首都，太子城是皇帝行宫，金朝皇帝在这里治国理政，思考着当时的世界。800 年后，北京历经元大都、明清北京、民国北平，成为中华人民共和国首都；太子城被蒙古军烧毁后，湮没于历史尘埃中，直到北京冬奥会举办，为保护古遗址而迁建运动员村，太子城重见天日，与北京联合举办冬奥盛会，携手迎接来自世界各地的朋友。这是怎样的时代变迁？这是怎样的风云际会？”

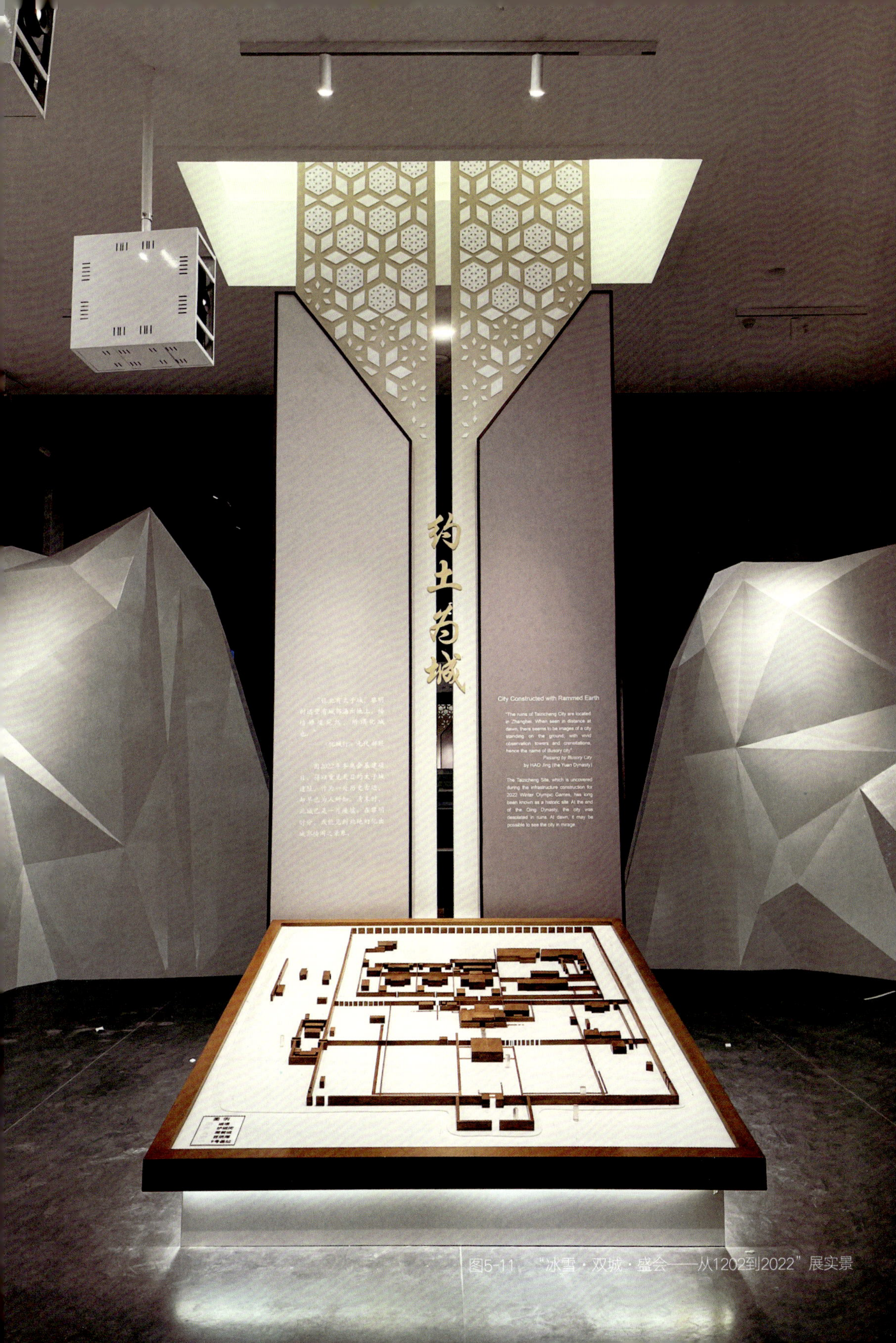

图5-11 "冰雪·双城·盛会——从1202到2022"展实景

上述展览皆以知识传播为导向，因展览而组织系统研究，形成超越以往的新认识。关于各类展览的知识传播，提出以下建议：

通史展——讲清脉络、历程，重要历史节点、事件、人物；

艺术展——讲清特质、成就，说明如何欣赏、价值所在（如“怎样看懂一幅画”）；

革命展——讲清历史背景、时代价值，有迹可寻，见物见人见精神；

自然展、科技展——讲清知识结构、原理，鼓励科学探索；

综合展（“瑰宝展”）——讲清时代风貌、社会生活、文化艺术、交通交流；

线路展——讲清线路主题、主体，节点关系；

对比展——“对”与“比”（“秦汉—罗马”“争锋”）；

出境展——中华文化走出去，向世界阐释具有中国特色、体现中国精神、蕴藏中国智慧的优秀文化；

避免“献宝展”。

三、解读的方法——内容与技术的融合

展览，实为学术（思想）、技术与艺术的融合。展览水平的高下，取决于融合程度的高低。

学术主要体现在内容设计上，本书着重探讨了内容设计的五要素（主题、逻辑、结构、节奏、语言）。

形式设计主要包括展览艺术表现、环境氛围营造、辅助展品组合等，呈现展览的主题和思想，构建叙事时空。

技术手段的范畴很广，近年来数字技术越来越多地运用于展览中，在博物馆内实现虚拟展示（触摸屏、投影、AR/VR 装备等），在互联网（网站、微博微信等）上拓展展示空间，在移动客户端提升导览水平（AI 博物馆）。

须强化内容设计与艺术表现、技术运用的融合统一，坚决克服脱离内容的艺术设计、为技术而技术等倾向，博物馆不能将内容设计（展览大纲撰写等）全部“外包”。

四、传播的理论——追求最佳效果

博物馆不是专业化的传媒组织，但具有文化传播的功能。博物馆的传播类型以大众传播为主，是传播者、受传者、讯息、媒介、反馈等因素相互作用的集合，传播各环节都受到不同的社会力量和心理因素的制约，传播者和受众在一定的社会环境下，进行着互动、双向（乃至多向）的信息传播，传播效果也作为这些要素和环节相互影响的结果而体现出来。

人类所有的传播活动都具有目的性，希望获得良好的传播效果。传播效果大体可以分为三个层面：一是外部信息作用于人们的知觉和记忆系统，引起知识量的增加和知识构成的变化，属于认知层面的效果；二是外部信息作用于人们的观念或价值体系，引起情绪或感情的变化，属于心理和态度层面的效果；三是这些变化通过人们的言行表现出来，即成为行动层面的效果。

展览的传播效果依其层次为：入眼——入脑——入心——入行。

伴随时代发展潮流，数字时代的文化传播也具有了新的特性：

1. 信源多元化、发散化

文化传播的信息源不再只出自文化机构和公共媒体，各类自媒体、微传播信息的数量和频率大大增加，信息内容告别“通稿”，解读多元。文化机构和文化事件频频“被传播”，不实信息大量出现。

2. 信宿（受众）中心化、自主化

受众需求日益主导传播方向，依靠大数据计算受众喜好、行为，精准提供个性化信息，基于用户“画像”的“算法分发”逐渐成为流行趋势，也伴随伦理风险。移动互联网发展带来的信息膨胀和碎片化，加速了网络用户对于专题化、垂直化资讯的需求。受众掌握信息选择权，不能适应受众的信息供应方难以为继。

3. 信息快餐化、图像化

海量信息中，依靠标题、形式夺人眼球，渐成常态。长篇弘文的读者越来越少，短小精干、结构清晰、文图结合、形式新颖的信息广泛流传。读者的品味并未降低，垃圾信息遭人厌恶。内容为王的本质没有改变，赢家通吃的格局依然存在，

变化的只是内容的供给方式。

4. 媒介融合化、移动化

传统媒体纷纷跨界，报刊、广播、电视、网络融合成新型媒体，信息组织、管理和呈现方式发生重大变革。移动媒体异军突起，智能手机集成创新势不可挡。

5. 反馈即时化、先导性

受众对信息的反馈无所不在，反馈内容的互相影响深刻剧烈，个别情境甚至可以左右舆论导向。研究受众反馈，对做好整合传播具有决定性的作用。

智慧博物馆在传播主体的专业属性、传播内容的媒介功能、传播的交互性和整合化等方面都具有了新的特征，将成为“新媒体”的重要组成部分。

五、机制的创新——解放手脚和头脑

中国已经成为世界博物馆发展的中心和亮点。社会文明的进程，博物馆使命的自觉，公众需求的牵引，迫切需要转变展览组织模式，构建新型生产关系，解放和发展文化生产力（图 5-12）。

推动展览供给侧结构性改革，首先应做到“两个解放”——解放手脚、解放头脑。健全策展人制度，赋予策展团队更大办展自主权和资源协调力，支持协同发展、交流合作；推广“参与性展览”，发展“智慧展览”、教育和传播，运用物联网（internet of things）实现人、物、信息互联，运用大数据（big data ）开展藏品研究、观众分析，运用云计算（cloud computing）建立知识图谱、优化信息推送，运用人工智能（artificial Intelligence）创造性整合思维。

未来的展览可以是这样一个过程：深切感知公众的需求，共享资源和创意，整合相关信息和知识，采用最佳表达形式，智能推送或获取知识，永不落幕。

在陈列展览中创造一个自由、随和、亲切和充满鼓励意味的“博物馆氛围”，让观众愿意融入其中，能够融入其中，在其中体会知识和愉悦，实现成长和发展。

坚持"两创"书写史诗

非凡十年

让更多文物和文化遗产活起来

金瑞国

核心阅读

展览，以物记事，以事叙史，以史启思。如同一部沉浸式电影，文物是剧中演员，每一件文物都在讲述中华文明故事，构建共同的精神家园。观众观赏每一件文物，如同随着"剧情"发展，穿越历史长河，认知历史、读懂中国。

通过综合运用电视艺术手段与多元传播方法，曾经深藏在博物馆的文物、遥远而不易接近的大遗址等一步步贴近公众认知，在阐释文化新知、描绘精神图谱中潜移默化、润物无声，进一步推动全社会增强历史自觉、坚定文化自信。

构建共同的精神家园

搭建公众和文化遗产之间的桥梁

文化遗产保护成为全社会共同的事业

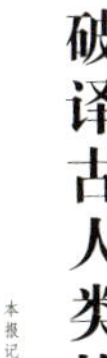

破译古人类的"多彩生活"

本报记者　杨雪梅

将东亚早期人类使用颜料的历史提前

石头里藏着古人类的演化故事

图5-12　《人民日报》2022年10月2日刊文《让更多文物和文化遗产活起来》，以展览构建共同精神家园，以节目搭建公众和文化遗产之间的桥梁，以活动等推动文化遗产保护成为全社会共同的事业

附 录

1.《国家宝藏·展演季》节目30位馆长推荐参展文物

单元	博物馆	文物	推荐辞
源	湖南博物院	商 皿方罍	绝品融金铸，散聚国运合。
	河南博物院	西周 七璜组玉佩	环佩琳琅君子器，璋璜不乱接武规。
	陕西历史博物馆	战国 杜虎符	虎口衔君命，尺寸掌万兵。
	山东博物馆	汉 孔子见老子画像石	孔子问礼，以启太平之世；老子解惑，欲传大道之行。
	殷墟博物馆	商 刻辞甲骨	粹图成字，存文明之星芒。
	三星堆博物馆	商 青铜太阳形器	沉睡数千年，一醒惊天下。
	上海博物馆	战国至秦 商鞅方升	上承商君变法之志，下启百世图强之梦。
	秦始皇帝陵博物院	秦 青铜长剑	寒光照夜，方显军威之盛；物勒工名，足见工序之严。
	安徽博物院	战国 鄂君启节	车舟通衢，辐辏万方。
	湖北省博物馆	战国至秦 云梦睡虎地秦简	竹简成始，见秦法赫赫；木牍传情，念先民悲欢。
	浙江省博物馆	新石器时代 玉琮	方圆天地，见先民自然之思；琢玉成器，叹祖先工艺之奇。
	宝鸡青铜器博物院	西周 何尊	定源重器，宅兹中国。
	河北博物院	西汉 长信宫灯	承奥运圣火，燃智慧之光。
	新疆维吾尔自治区博物馆	汉 “五星出东方利中国”锦护膊	锦膊出精绝，血脉相同逾千载；五星出东方，奇观重现赞和合。

续表

单元	博物馆	文物	推荐辞
流	南京博物院	唐　三彩陶双鱼瓶	双鱼出水，识扬州故梦；三彩清灵，扬洛邑之风。
	辽宁省博物馆	十六国　花树状金步摇	风起西土飘金叶，光被龙城耀明堂。
	山西博物院	隋　彩绘骆驼俑	满载行装赴代北，吃罢胡饼望晋阳。
	广东省博物馆	元　唐僧取经图枕	师徒四人磁州聚，西天经卷入梦来。
	云南省博物馆	汉　牛虎铜案	自然无情，弱肉强食为天性；人尚美好，凝华制器赞新生。
	甘肃省博物馆	魏晋　驿使图画像砖	驿传通达四海，国之血脉；驿使驰骋丝路，汇通东西。
	福建博物院	波斯　孔雀蓝釉陶瓶	海丝万里澄碧浪，波斯飞来孔雀蓝。
	敦煌研究院	北魏　《鹿王本生图》壁画	无缘大慈救沉溺，同体大悲济世人。
	内蒙古博物院	辽　鹿衔草纹鎏金银马饰具	金鞍白马上京客，蹀躞偏似五陵原。
汇	西安碑林博物馆	唐　颜氏家庙碑拓片	笔锋雄健，刻家门风骨。耿耿大节，书民族脊梁。
	布达拉宫管理处	唐　《四部医典》	高原瑰宝，济世人心。
	孔子博物馆	商周十供	孔庙观德，郁郁乎文从周礼；乾隆赐器，儒风浩荡常在兹。
	故宫博物院	清《四库全书》、文渊阁	文华尽汇成四库，汇流澄鉴通古今。
	苏州碑刻博物馆	南宋　天文图碑拓片	仰观霄汉，收群星于列宿；俯勒青石，传圣智于后学。
	苏州博物馆	明　微缩家具	素魂秀骨数风雅，榫卯天成说江南。
	四川博物院	后蜀　残石经	昭大道于乱世，传经义至千秋。

2. 30处中华文明重要遗迹集土仪式祝词

“何以中国”文物特展，一如窗口，斗室之内可观中华乾坤之大、意蕴之远；一如矩尺，俯仰之间可度文明源流之长、滋养之广。国宝文物的珍藏，国宝特展的举办，离不开一代代考古人筚路蓝缕，发掘遗存，揭示历史，转化新知。今年2021，适逢中国现代考古学诞生100周年之际，我们诚邀所有参展博物馆，从神州大地横跨千里纵贯万年的考古遗址集土，聚土成器，共同开启“何以中国”展览。

马萧林：河南博物院 _ 集土自 _ 河南渑池仰韶遗址。1921年，瑞典学者安特生与我国学者袁复礼共同主持首次考古发掘，中国历史信度由此步步增强。仰韶文化成为中国新石器时代第一个正式命名的文化体系，以仰韶遗址为代表的早期文明，打破了中国文化“西来”之说，中国现代考古学由此发轫。

何毓灵：殷墟博物馆 _ 集土自 _ 河南安阳殷墟遗址。自1928年正式发掘以来，李济、石璋如、刘一曼等数代考古人将青春奉献于此。通过对宫殿、宗庙、王陵及甲骨、青铜、玉器的发掘与研究，使商代历史日渐清晰。在国家危亡时振奋民族精神，于崛起浪潮中培养文博骨干。

卢朝辉：山东博物馆 _ 集土自 _ 山东章丘龙山镇城子崖遗址。1928年考古学家吴金鼎发现并发掘，是龙山文化的代表遗址和命名地。遗址中出土的磨光黑陶，薄如蛋壳，是“四千年前地球文明最精致之制作”。

陈水华：浙江省博物馆 _ 集土自 _ 浙江余杭良渚遗址。1936年首先发现。良渚遗址凭借高大的宫殿、完备的都邑、庞大的水利工程、发达的稻作农业、精美的丝麻织物，数以千计象征权力与信仰的精美玉器，成为实证中华五千多年文明史的圣地。

韦　荃：四川博物院 _ 集土自 _ 四川成都文翁石室。石室始建于西汉景帝年间，连续办学两千多年未有中断、未曾迁址，学风卓荦，人才辈出。1938 年在此发现后蜀残石经，证明纵处乱世之中，蓉城依然文脉不辍。

赵声良：敦煌研究院 _ 集土自 _ 甘肃敦煌莫高窟脚下。融汇东西中外，展现千年辉煌。这里是世界上现存规模最大、延续时间最长、内容最丰富、保存最完整的石窟艺术宝库。从上世纪四十年代艰难创业，以常书鸿、段文杰、樊锦诗为代表的一代代莫高窟人“坚守大漠，甘于奉献，勇于担当，开拓进取”，为后世留下无上瑰宝。

陈永志：内蒙古博物院 _ 集土自 _ 内蒙古和林格尔土城子古城遗址。自 1960 年以来的多次考古发掘，发现了从东周延续至金代的城址和数千座墓葬。古城沿用两千余年，曾见证北魏初都盛乐、唐代单于大都护府的辉煌。其背倚阴山、西揽黄河的独特地理位置，留下了历史上农牧文明互动、东西文化交流的丰厚遗产。

方　勤：湖北省博物馆 _ 集土自 _ 湖北天门石家河遗址。1955 年开始发掘，是长江中游地区已知规模最大的史前中心聚落。发荆楚之滥觞，正江汉之源流，证中华文明多元一体、星罗棋布。

樊海涛：云南省博物馆 _ 集土自 _ 云南晋宁石寨山古墓群。1955 年开始发掘，作为滇王及其家族臣仆墓地，是战国至汉代西南地区文明史的象征之一，这里出土的“滇王之印”金印，印证了《史记》中汉武帝“设益州郡，赐滇王王印”的史实。

周　萍：西安碑林博物馆 _ 集土自 _ 陕西西安唐长安城遗址。唐长安城承袭隋大兴城建制，以更加强盛的国力和开放包容的气度，成为当时世界上规模最大、最繁荣的都市，也是中国古代城市规划的杰作。1957 年启动的考古工作，在全面勘察与探测的基础上，结合文献记载，使我们得以重见大唐长安。

侯宁彬：陕西历史博物馆 _ 集土自 _ 陕西咸阳秦咸阳城遗址。1959 年以来，考古工作者发现了大量战国至秦代遗迹遗物，为研究秦人自西部边陲入主关中、变法图强、最终完成统一大业的历史进程提供了丰富资料，是中华统一多民族国家制度文明形成的重要见证。

李　岐：宝鸡青铜器博物馆 _ 集土自 _ 陕西宝鸡贾村。1963 年何尊出土，铭文中“余其宅兹中国，自兹乂民”的内容，是“中国”一词最早的文字记录。

贾建威：甘肃省博物馆 _ 集土自 _ 甘肃临洮寺洼遗址。1964 年试掘，发现马家窑文化马家窑类型叠压在仰韶文化庙底沟类型之上的地层关系，进而逐步建立洮河流域乃至甘青地区的史前文化序列，对探索中华文明多元一体、相互交融的发展进程具有重要价值。

罗向军：河北博物院 _ 集土自 _ 河北满城汉墓。满城汉墓是西汉中山靖王刘胜及其妻子窦绾的墓葬，凿山为陵，布局模仿宫殿建筑形制。1968 年发掘出土了长信宫灯、金缕玉衣、错金博山炉等一万余件重要文物。让我们突破文献，直观感受西汉高度发达的经济文化和昂扬豪放的时代风貌。

段晓明：湖南省博物馆 _ 集土自 _ 湖南长沙马王堆汉墓。1972 开始发掘的马王堆汉墓，是西汉长沙国丞相利苍、夫人辛追、儿子利豨三座墓葬的统称，出土了T型帛画、素纱禅衣等三千多件珍贵文物。帛书载典籍，弦歌传中夏。现汉初之余韵，展潇湘之风华。是20世纪世界最重大的考古发现之一。

肖海明：广东省博物馆_集土自_广东曲江石峡遗址。1973年开始发掘，齐聚新石器时代晚期至春秋时期文化遗存，填补了岭南地区秦汉以前考古文化的空白，为研究我国东南沿海地区早期文明提供了重要支撑。

田　静：秦始皇帝陵博物院_集土自_陕西临潼秦始皇陵区。自1974年开始，每次考古发掘成果都轰动世界，从兵马俑坑、水禽坑、百戏俑坑，到文官俑坑、铜车马坑，始皇帝万世江山、鹤翔九天之梦日渐清晰。大一统从此开宗正源，流淌成滔滔大河，千古不废。

郭思克：孔子博物馆_集土自_山东曲阜鲁国故城遗址。这里是孔子故里、儒家文化发祥地。从八佾之问到孔鲤过庭，无数耳熟能详的故事在此发生。1977年考古普探以来，为我们了解周代历史文化提供了不可替代的重要证据。

张元成：山西博物院_集土自_山西襄汾陶寺遗址。陶寺是黄河中游规模最大的史前都邑性遗址。1978年考古发掘以来，出土了彩绘龙盘、土鼓、石磬等精美文物，发现了规模庞大的城址、世界最早的观象台、气势恢宏的宫殿。与史籍所载的“尧都（平阳）”契合。

宋　萌：苏州碑刻博物馆_集土自_江苏苏州文庙。苏州文庙由范仲淹于1035年创立，明清之世，更有“江南学府之冠”的美誉。1986年建立的苏州碑刻博物馆，将诸多碑刻瑰宝呈现在世人面前，践行着千年来育人济世的信条。

刘 宁：辽宁省博物馆 _ 集土自 _ 辽宁朝阳牛河梁遗址。1983 年开始发掘，曾经的红山古国向我们展示着厚重的文明积淀。女神像、玉人、玉龙等精美文物，祭坛、女神庙、积石冢等祭祀遗址，见证着红山文化（古国时代）的辉煌过往。

胡敏：安徽博物院 _ 集土自 _ 安徽含山凌家滩遗址。1987 年以来，考古发掘了大型祭坛等众多遗迹遗物，特别是玉人、玉龙、玉鹰、玉龟、刻纹玉版等大批精美绝伦、独一无二的玉器，标志着原始氏族社会从神权到王权过渡。

王奇志：南京博物院 _ 集土自 _ 江苏张家港东山村遗址。2008 年开始发掘，首次在长江下游地区揭示了一批崧泽文化早中期的高等级大墓，且与小型墓葬实行分区埋葬，表明在距今 6000 年前后即已出现明显的社会分层，是国内已知最早的例证。

觉 单：布达拉宫管理处 _ 集土自 _ 西藏拉萨布达拉宫红山脚下。1989 年以来，国家投入大量资金保护修缮布达拉宫珍贵文物。从 2019 年起，迄今为止最大规模、以贝叶经为代表的古籍文献保护工程正式启动，相信未来布达拉宫将以更直观生动的方式展示中华文明的丰富多彩。

于志勇：新疆维吾尔自治区博物馆 _ 集土自 _ 新疆乌鲁木齐乌拉泊古城。经考古及文献研究表明，作为唐代至元代的轮台县城，早在一千多年前，中央政府就在此驻军屯守。唐代边塞诗人岑参曾在此居住三年，写下著名的《轮台三绝》。“忽如一夜春风来，千树万树梨花开。”

陈瑞近：苏州博物馆 _ 集土自 _ 苏州博物馆文衡山先生手植藤下。2002 年，贝聿铭先生将 480 多年前衡山居士文徵明在拙政园内种下的紫藤枝条，嫁接到苏州博物馆新馆。现在文藤种子已成为苏博的明星文创，经由游客播种到世界各地，象征着中华文脉开枝散叶、延续不绝。

杨志刚：上海博物馆 _ 集土自 _ 上海青浦青龙镇遗址。2010 年起，我们运用古今重叠型城市考古理论发掘青龙镇遗址，发现了唐宋时期隆平寺塔、房址、水井、铸造遗迹和多个窑址的瓷器堆积，确证早在唐宋时期，上海就是海上丝绸之路重要的对外贸易港口。

雷　雨：三星堆博物馆 _ 集土自 _ 四川广汉三星堆遗址。长江文明源，三星伴月出！三星堆遗址是迄今发现内涵最丰富的古蜀都邑遗址，是长江上游早期文明的重要代表。2019 年以来，又发掘了六个祭祀坑，出土了金面具、青铜神坛、神树纹玉琮等夺人眼球的珍贵文物，为中华文明多元一体历史进程研究提供了新的实物资料。

吴志跃：福建博物院 _ 集土自 _ 福建泉州晋江六胜塔下。泉州作为“宋元中国的世界海洋商贸中心”，今年 7 月刚刚列入《世界遗产名录》。在那个时候，来自亚非欧各国的水手，只要眺望到六胜塔的尖顶，便知道自己马上就要停泊在世界上最繁荣的港口——刺桐。六胜塔可以说是当时全球最受欢迎的航标。

王跃工：故宫博物院 _ 集土自 _ 故宫造办处旧址。2021 年，由国家文物局指导，中央广播电视总台和故宫博物院联合全国三十家博物馆共同举办的文物特展，即将在故宫文华殿盛大开幕！

（金瑞国　核改，2021 年 11 月 30 日午间）

3.“何以中国”展览参展文物目录（结构框架）

1.1天地之间

序号	名称	年代	图例	收藏单位
1	玉龙	新石器时代 红山文化		故宫博物院
2	何尊	西周		宝鸡青铜器博物院
3	玉琮	新石器时代 良渚文化		浙江省博物馆
4	铜神树枝头立鸟	三星堆文化		广汉三星堆博物馆
5	铜太阳形器	三星堆文化		广汉三星堆博物馆
6	玉琮	新石器时代 良渚文化		故宫博物院
7	玉璧	新石器时代 良渚文化		故宫博物院
8	玉圭	新石器时代 龙山文化		故宫博物院
9	八角星纹玉板	新石器时代 凌家滩文化		故宫博物院

续表

序号	名称	年代	图例	收藏单位
10	玉龟	新石器时代 凌家滩文化		故宫博物院
11	玄武纹瓦当	汉代		故宫博物院
12	白虎纹瓦当	汉代		故宫博物院
13	朱雀纹瓦当	汉代		故宫博物院
14	青龙纹瓦当	汉代		故宫博物院

1.2生作在兹（16件/套）

序号	名称	年代	图例	收藏单位
15	带藤条骨耜	新石器时代 河姆渡文化		浙江省博物馆
16	石斧	新石器时代		故宫博物院
17	石镰	新石器时代		故宫博物院

续表

序号	名称	年代	图例	收藏单位
18	玉蚕	商代		故宫博物院
19	玉蚕	商代		故宫博物院
20	陶纺轮	新石器时代		故宫博物院
21	陶纺轮	新石器时代		故宫博物院
22	人头形器口彩陶瓶	新石器时代		甘肃省博物馆
23	蛋壳黑陶套形杯	新石器时代 龙山文化		山东博物馆
24	原始青瓷兽头鼎	战国		故宫博物院
25	黄玉鹰攫人首佩	新石器时代 石家河文化		故宫博物院
26	青玉人龙纹柄形器	西周		故宫博物院

续表

序号	名称	年代	图例	收藏单位
27	白玉透雕龙凤纹璧	战国至西汉		故宫博物院
28	少虡剑	春秋		故宫博物院
29	铜剑	战国		秦始皇帝陵博物院
30	皿方罍	商代		湖南省博物馆

1.3启蒙奠基

序号	名称	年代	图例	收藏单位
31	刻辞龟甲	商代		故宫博物院
32	刻辞龟甲	商代		故宫博物院
33	刻辞牛骨	商代		故宫博物院
34	蟠螭纹编钟（1组9件）	战国		故宫博物院

续表

序号	名称	年代	图例	收藏单位
35	蟠螭纹编镈（1组3件）	春秋		故宫博物院
36	小克鼎	西周		故宫博物院
37	追簋	西周		故宫博物院
38	玉璜	战国		故宫博物院
39	玉璜	战国		故宫博物院
40	玉璜	战国		故宫博物院
41	玉璜	战国		故宫博物院
42	“平阳”方足布币	战国		故宫博物院
43	“安阳之大刀”刀币	春秋		故宫博物院

续表

序号	名称	年代	图例	收藏单位
44	“半两”钱	秦代		故宫博物院
45	“巽”铜仿贝币	战国		故宫博物院
46	鄂君启金节	战国		安徽博物院
47	辟大夫虎符	战国		故宫博物院
48	云梦睡虎地秦简（复制品）	战国		湖北省博物馆
49	商鞅方升	战国		上海博物馆
50	孔子见老子画像石	汉代		山东博物馆
51	“五星出东方利中国”锦护膊（复制品）	汉代		新疆维吾尔自治区博物馆
52	长信宫灯	汉代		河北博物院

2.1血脉相依（18件/套）

序号	名称	年代	图例	收藏单位
53	牛虎铜案	战国至汉代		云南省博物馆
54	“晋归义羌侯”金印	晋代		甘肃省博物馆
55	“晋归义氐王”驼钮铜鎏金印	西晋		故宫博物院
56	“亲晋胡王”驼钮铜鎏金印	西晋		故宫博物院
57	“晋归义羌王”驼钮铜鎏金印	西晋		故宫博物院
58	陶画彩持盾武士俑	北魏		故宫博物院
59	陶画彩踏碓女俑	北魏		故宫博物院
60	鹿王本生故事图（复制品）	北魏		敦煌研究院
61	青釉塑贴飞天团龙纹仰覆莲花尊	北朝		故宫博物院

续表

序号	名称	年代	图例	收藏单位
62	《步辇图》卷（复制品）	唐代		故宫博物院
63	银鎏金镶珠金翅鸟	宋代		云南省博物馆
64	银鎏金鹿啣草纹马鞧带饰	辽代		内蒙古博物院
65	三彩陶卧猫	辽代		辽宁省博物馆
66	黑釉剔刻牡丹纹六系罐	西夏		甘肃省博物馆
67	八思巴文虎符圆牌	元代		甘肃省博物馆
68	陶男俑	元代		故宫博物院
69	陶女俑	元代		故宫博物院
70	青花龙纹高足碗	元代		故宫博物院

2.2和衷共济（17件/套）

序号	名称	年代	图例	收藏单位
71	金马纹带饰	战国至西汉		故宫博物院
72	金马纹带饰	战国至西汉		故宫博物院
73	驿使图画像砖（复制品）	魏晋		甘肃省博物馆
74	慕容鲜卑花树状金步摇	西晋		辽宁省博物馆
75	胡人吃饼骑驼俑	隋代		山西博物院
76	浅绿玻璃肋纹钵	秦代至汉代		故宫博物院
77	金狩猎人物纹六曲花口杯	唐代		山西博物院
78	银錾刻鎏金花鸟纹碗	唐代		故宫博物院
79	四瑞兽葡萄纹方镜	唐代		故宫博物院

续表

序号	名称	年代	图例	收藏单位
80	白釉双龙柄弦纹盘口瓶	唐代		故宫博物院
81	长沙窑青釉彩绘植物花卉纹执壶	唐代		故宫博物院
82	三彩陶双鱼瓶	唐代		南京博物院
83	波斯孔雀蓝釉陶瓶	五代		福建博物院
84	金项饰	宋代		广东省博物馆
85	龙泉窑青釉刻划缠枝牡丹纹凤尾尊	元代		故宫博物院
86	磁州窑白釉褐彩唐僧取经图枕	元代		广东省博物馆
87	掐丝珐琅缠枝莲纹球式香熏	元代		故宫博物院

2.3休戚与共（12件/套）

序号	名称	年代	图例	收藏单位
88	力士博山炉	东汉		故宫博物院
89	青釉塑贴人物谷仓罐	西晋		故宫博物院
90	《游春图》卷（复制品）	隋代		故宫博物院
91	“侯瑾之”方镜	唐代		故宫博物院
92	孔雀莲花纹葵花式镜	唐代		故宫博物院
93	雀绕花枝纹菱花式镜	唐代		故宫博物院
94	五岳纹方镜	唐代		故宫博物院
95	定窑白釉刻划萱草纹折腰碗	北宋		故宫博物院
96	白玉折枝樱桃纹佩	宋代		故宫博物院

续表

序号	名称	年代	图例	收藏单位
97	白玉镂雕春水图嵌饰	金代		故宫博物院
98	缂丝梅花寒鹊图轴（复制品）	南宋		故宫博物院
99	狮子林图卷（复制品）	明代		故宫博物院

3.1民本邦宁（20件/套）

序号	名称	年代	图例	收藏单位
100–109	木工册鼎、兽面纹觚、牺尊、伯彝簋、册父乙卣、窃曲纹簋、夔龙纹簠、夔凤纹豆、饕餮纹甗、四足方鼎	商代或周代		孔子博物馆

续表

序号	名称	年代	图例	收藏单位
110	《三圣像》（复制品）	明代		孔子博物馆
111	《颜氏家庙碑》拓片	唐代		西安碑林博物馆
112	白玉马纽“政在养民”印	清代		故宫博物院
113	檀香木交龙纽“乐民之乐”印	清代		故宫博物院
114	碧玉龙纽“四海有民皆视子”印	清代		故宫博物院
115	青花藏文高足碗及银錾花纹碗座	明代		布达拉宫管理处
116	银胎绿珐琅嵌宝石玻璃靶碗	清代		故宫博物院
117	青玉御制《优恤土尔扈特部众记》册	清代		故宫博物院
118	佛杵柄绒鞘丹书克剑	清代		故宫博物院

续表

序号	名称	年代	图例	收藏单位
119	金瓯永固杯	清代		故宫博物院

3.2格物维新（16件/套）

序号	名称	年代	图例	收藏单位
120	《四部医典》（3页）	20世纪早期		布达拉宫管理处
121	“御制回生第一仙丹”药方木雕版	清代		故宫博物院
122	木活字戳	清代		故宫博物院
123	痕都斯坦墨玉嵌宝石角形火药筒	清代		故宫博物院
124	铜镀金嵌珐琅日晷	清代		故宫博物院
125	慎德堂款粉彩耕织图盖碗	清代		故宫博物院
126	碧玉渔樵耕读图笔筒	清代		故宫博物院

续表

序号	名称	年代	图例	收藏单位
127	天文图碑拓片	南宋		苏州碑刻博物馆
128	长春宫烫样（复制品）	清代		故宫博物院
129 -135	微缩家具	明代		苏州博物馆

3.3汇流澄鉴（7件/套）

序号	名称	年代	图例	备注
136	后蜀残石经	后蜀		四川博物院
137	碧玉描金云龙纹特磬	清代		故宫博物院
138	白玉交龙纽文渊阁宝	清代		故宫博物院
139	四库全书（4本）（影印本）	清代		故宫博物院

续表

序号	名称	年代	图例	备注
140	纪昀楷书四库全书目录卷（复制品）	清代		故宫博物院
141	青玉《御制文渊阁赐宴诗册》	清代		故宫博物院
142	青玉《文渊阁记》册（一匣 10 册）及紫檀木盒	清代		故宫博物院

4.“何以中国”展览前言、三个单元、九个章节（版块）、结语文字

何以中国

【前言】

中华文明,是人类历史上唯一未曾中断的原生文明,具有强大的凝聚力、延续力和融合力，表现出多元一体、连绵不绝、兼容并蓄的文化特质。本展览尝试以意象化的表达,将源远流长、博大精深的中华文明视作一条大河,将文明的起源、传承、发展连为一体，比拟于河水的源、流、汇。

中华文明始自涓微，百万年人类史、一万年文化史、五千年文明史先后发祥,如满天星斗,又如重瓣花朵,是谓“源”;而后逐次凝聚,成涧成溪,沿民族融合、文化包容、人与自然和谐共生之路不断演进，是谓“流”；荟萃精华，兼济天下，创造基于人民福祉的思想、制度体系和科学文化艺术成果，深刻影响人类文明进程，是为“汇”。

习近平总书记指出，要立足中国大地，讲好中国故事。本展览即依托一条浩丽江河的生动形象，在“源”“流”“汇”三个贯穿一体的单元中，展现中华文明起源和发展的历史脉络、中华文明取得的灿烂成就、中华文明对人类文明的重大贡献，概括而鲜明地呈示华夏大地何以中国，中华民族何以伟大，中华文明何以不朽。

【第一单元】源

源，水之本也。为雨为露，为泉为渊。

一百年来，经过几代考古人探索未知、揭示本源的接续努力，延伸了历史轴线、增强了历史信度、丰富了历史内涵、活化了历史场景，中华文明起源和发展的历史脉络逐渐清晰。

在亿万年演化而成的神州大地上，先民们象天法祖，开物成务，垦地成田、化兽为畜、聚土作陶、驱牲以牧，共存共生，互通有无，孕育了多元一体的早期文明。

在与自然万物频繁互动中，先民们将对世界的观察、对族群的体认，化金木水土为各式美器，百业俱兴，生作始焉，中华之魂由是发轫。

至春秋战国之际，生产力巨变，生产关系鼎革，历史风云际会，学说百家勃兴，空前的思想激荡与制度探索由此展开。以人为本、天人合一、道法自然、自强不息、和而不同、天下为公的民族性格和统一多民族国家的制度建构，由是奠基！

1.1 天地之间

日月星辰，山龙华虫。文明初萌，天地之间。

中华大地幅员辽阔，三级阶梯西东错落，各个地理单元特征鲜明又内外联通，培养了多元的生业，孕育了文明的特质。

先民们在参悟天地、顺应自然的过程中，将思索与感知具象为一件件物品，遂铸羲和之金乌，礼天地以璧琮，定四方于瓦当，见文化于玉龙。而中华文明之河，便在此时涌出第一滴水。

1.2 生作在兹

多元并进，自给自足。万民息养，生作在兹。

中华民族依托华夏大地的丰饶物产，开展以耕织为主的生产实践，建立起相对自给自足又相互交流交织的经济社会结构，滋养了参天法道、敬祖惠民、崇德尚礼的思想观念。

在此基础上，中华先民将自然中的资源巧妙运用，展仁德于美玉，藏礼乐于青铜，极工艺于陶火，淬坚毅为剑锋。而中华文明之河，也在这些承载民族特质的器物映照下奔涌向前，川流不息。

1.3 启蒙奠基

夏人宏规大起，筑宫室以栋梁。商人粹图成字，存文明之星芒。周人制礼作乐，奏编钟于庙堂。

东周时期，生产力显著提升，生产关系剧烈变化。当此时，诸家并出，百花齐放，儒尚仁义、道体无名、法兼势术、兵多韬谋……皆欲塑当世之秩序，焕华夏以新生，故而风云激荡，史称百家争鸣。其所争者，为济世之要枢；其所鸣者，为治平之大道。

秦用商君之法，尽七世之烈，终鲸吞六国，混元八表。此后汉承秦制，保一统之基，续先贤之志。作为统一多民族国家的中国，也由此奠定了强大的思想与制度之源，为中华文明之河奔流千载、滈汗万方提供不竭动力。

【第二单元】流

流，集多源之水。凭藉涓滴，方成川剛。

中华文明之流，亘古及今，延绵不绝。漫长的岁月中，在域内各民族间的一次次水乳交融里，中华民族的范畴不断发展与丰富。在与域外文明的一次次辉映互鉴下，世界认识了中国，中国也倾听了世界。在与自然万物的一次次对话互动中，中华民族不断更新对宇宙的认知、调整与环境的关系，凝练出天、地、人合一的东方智慧。

历经数千载的积淀与传承，中华文明的步伐日益坚定，流向与时俱新。凭仗历代先贤的智慧、自然造化的瑰丽，中华文明在构建中华民族共同体、人类命运共同体、地球生命共同体的道路上奋勇前行。

2.1 血脉相依

中华民族由多民族凝聚而成，血肉相连，唇齿相依。

在中华文明的历史长河中，各民族共同开拓辽阔疆域，共同书写悠久历史，共同创造灿烂文化，共同培养伟大精神。

羌侯腰缠归义印，西夏黑釉绘牡丹，金鞍白马上京客，蹀躞偏似五陵原。各个民族在中华文明的发展中共同进步，自觉构成了政治上团结统一、文化上兼收并蓄、经济上相互依存、情感上相互亲近的民族共同体。

2.2 和衷共济

文明因交流而多彩，文明因互鉴而丰富。

东西方文明之间的交流交往交融由来已久。汉唐以降，得益于陆上、海上贸易线路的畅通，中华文明同外部文明展开更加广阔的对话。中华文明始终尊重世界文化的多样性，以文明交流超越文明隔阂，以文明互鉴超越文明冲突，以文明共存超越文明优越，向世界贡献了深刻的思想体系、丰富的科技文化艺术成果、独特的制度创造，深刻影响了世界文明进程。

与此同时，从融合西亚造型元素的鲜卑金步摇，到吸收粟特锤揲工艺的唐代六曲花口杯，再到采用中东钴蓝釉料的元代青花瓷，中华文明也以开放的胸襟，广泛吸纳人类文明优秀成果，在络绎不绝的交流中获得发展创新的契机与动力。

2.3 休戚与共

万物各得其和以生，各得其养已成。

中华民族自古便有天人合一、道法自然的思想传统，通过不断拓展对天地的认知，创造辉煌的物质文明，回报自然丰厚的馈赠。与此同时，也与自然万物建立了深厚情感，将天地之美、和谐之道融入文学、艺术和哲学思考，构建起中华文明独一无二的美学体系和人文景观。

如今，中华大地上“绿水青山就是金山银山”的新发展理念深入人心，经济发展与生态保护协调统一，正为人与自然和谐共生、携手共建美好家园的宏伟愿景，贡献中国智慧与中国方案。

【第三单元】汇

汇，拢万流于一处，成百川之渊薮。福泽广布，济世安民。

万载以降，中华文明凭藉以和为贵的平易性格、海纳百川的包容气度、天下一家的大国胸怀，终汇成崇民本以固金瓯、惠民生以格万物、聚民智以成典籍的浩荡洪流。这些由人民创造、为人民享有、被人民传承的精神、技艺与经典，不仅是中华文明的灿烂瑰宝，也为人类文明进步作出不可磨灭的贡献。

3.1 民本邦宁

煌煌中华，九州万方。厚民生业，本固邦宁。

从孔夫子文从周礼，到乾隆帝赐器十供，两千年儒风浩荡。从颜真卿笔锋雄健，刻家门风骨；到土尔扈特归途万里，念乡土情深。洛神睹江山千里，晓丹青有续；右军共太白豪情，慰翰墨长存。尊仁重礼、敬道崇义、家国一体观念，深深植根于中华民族血脉之中，将各族儿女紧密团结在一起，秉持天下为公之胸怀，凝聚万众一心之伟力，共护万里江山，金瓯永固。

3.2 格物维新

皇皇天工，以成群萃。技道精微，格物维新。

仰观霄汉，收群星于青石；仁心济世，传雪域之明珠。素魂秀骨，江南榫卯风雅；巨匠精艺，京城样式雷传奇。在对技艺的推敲、对规律的总结、对民生的眷念中，中华民族展现出非凡的创新精神与创造伟力。

四大发明，耕作蚕织，制瓷铸铁，建筑园林，茶叶医药，天文地理……各项科学技术成就，无不凝聚着中华民族尽精微以求新知、致广大以惠亿民的探索精神。

3.3 汇流澄鉴

穆穆风雅，金声玉振。经史子集，汇流澄鉴。

五千年中国智慧，文脉绵延，诗墨犹香。银钩交互，刻千秋经义。石壁靡尘，存万世之师。礼序乾坤，乐和天地，文华尽汇，乃成《四库》。

为天地立心，为生民立命，为往圣继绝学，为万世开太平。

【结语】

泱泱中华，万古江河，晨禹迹而暮朝歌，泽丰镐而卫河洛。取九原之殊勇，舞南越之金戈。融南北之血脉，混东西为一科。

“何以中国”，实为中华民族之永恒命题。

展厅之内，重器凝万古之志，典籍汇千载之思。精工绝艺，融通中外。天地造化，入我胸怀。此即万千年以来，我百世祖先同心书写之答案。

展厅之外，国家强大坚毅，社会生机勃勃，科技日新月异，人民幸福安康，此即百余年来，无数志士先驱以青春、汗水、生命与信仰砥砺铸就之答案。

今天，面对百年未有之变局，值此民族复兴的关键时期，站在“两个一百年”奋斗目标的交汇点上，我辈更当以史为鉴、开创未来、埋头苦干、勇毅前行，为后世中华子孙，留下 “何以中国”的时代答案。

当后人回望我们的事业时，希望能一如我们凝视前人的成就，满怀自豪地说出：“这，就是中国！”

5.“何以中国”展览主创人员名单

总策划：李群、慎海雄、王旭东

总统筹：关强

策划：罗静、王跃工、于蕾

展览指导：金瑞国、任万平

策展团队：杨玲、赵丰、赵曾健（第一单元）、施磊（第二单元）、马林（第三单元）

总撰稿：金瑞国、单嗣平

形式设计：薄海昆、李怀玉、胡博、高冉、徐晓婧

展览协调：焦丽丹、许凯、杜泽瑜、毕波、周雨辰、寇建雯

跋

(一)

“何以中国”展既是偶得，也是必然。

中国博物馆百余年发展，承先贤之业，积浩瀚之志。新时期十年奋进，坚持保护第一、让文物活起来，文物资源走入社会中心，成为文明滋养。

电视与文物跨界融合，携手创造，精品频出，异彩纷呈，催生文博热潮，产生联动效应。

文化遗产日益成为全社会共同的事业，传承弘扬中华优秀传统文化，坚定文化自信。

“何以中国”成为时代名词。

(二)

回过头看，“何以中国”展创新了中国博物馆展览理念和叙事模式，策展组边干边看边思考，寄江河以绘文明，凝物象而载大道，以“源”“流”“汇”为轴线，将宏阔历史脉络、通达内容结构、巧妙空间设计、璀璨展品组合与俊朗语言文字生动呈现，完成从思想到实践的转化，这是最令人自豪的。

“何以中国”展是时代记忆。展览的理念如能带动博物馆界思考和提升，以展览讲述文明故事，增进公众认知，推动社会进步，则价值才更为长久。

（三）

几位作者协力，以“何以中国”展览的“五要素”写策展笔记。聚焦主题，注重情境感，写好“笔记”。明确逻辑，采用总分 + 平行轴线 + 延展之势，既讲观点、理念，也叙过程、重点，兼及关联、回顾，把展览置于历史长河之中。遵循（丛书统一）结构，分为引言、导览、策展、观展、研展等，谋篇布局以诗文为引，各部分既区分又联系，贯穿“答卷”之中心思想。把握节奏，起心动念、不负契机、融合创新、知行合一等构成鲜明思路，博物馆观、策展五要素、叙事逻辑、物展一体、文学创作、时空构建等形成突出亮点。精准表达，文以载道，合时而作，称得上“国家宝藏”节目、“何以中国”展览的文采，与伟大时代共鸣。

勉强交卷，祈请指正。